LES VIANDES

C.I.L.

Sommaire

COMPAGNIE INTERNATIONALE DU LIVRE
© 1977 Hennerwood Publications Ltd.
© 1979 C.I.L., Paris, pour l'édition francaise

Les bons morceaux pour les bons petits plats

Qu'elle soit rouge ou blanche, mijotée, rôtie ou grillée, la viande est, en toutes occasions, l'invitée privilégiée de nos tables. Cette place de choix, elle la doit essentiellement à ses qualités nutritives et à la grande variété des préparations auxquelles elle se prête. Aliment-roi, vous devez toujours la préparer avec soin, en suivant les conseils que nous vous donnons, pour mettre en valeur ses grandes qualités gustatives.

Ce recueil de recettes vous permettra d'accommoder sans peine du bœuf, du veau, du porc, de l'agneau ou des abats, en grosses pièces, en petits morceaux ou hachés. Ces viandes seront préparées au gril, au barbecue, en sauteuse, en cocotte ou au four, car leur cuisson doit être appropriée à leur nature. Des recettes originales — « queue de bœuf aux olives », « côtes de porc gratinées aux noix »... — aux recettes classiques — « osso buco », « steaks à l'échalote »... — des recettes faciles aux plus raffinées, vous y trouverez des plats correspondant à vos besoins et... à vos envies !

Le bœuf

Vous le choisirez de consistance ferme, de couleur rouge vif et veiné de graisse claire ; ce sera pour vous une garantie de fraîcheur.

Les morceaux à griller et à poêler

• *Le filet :* le morceau le plus tendre ; préférez-le coupé en steak épais de 150 à 200 g.
• *Le faux-filet :* choisissez-le bien « persillé » et demandez plutôt une grosse tranche que deux petites.
• *Le rumsteck :* permet d'obtenir de très grosses tranches que vous utiliserez pour confectionner des brochettes.
• *L'entrecôte :* persillée et coupée fine, ce sera l'entrecôte minute ; plus épaisse, vous la préparerez pour 2 ou 3 personnes.
• *La côte :* morceau idéal pour le barbecue ou le four.
• *La bavette, l'onglet, l'araignée :* ce sont des morceaux rares et excellents ; vous les commanderez à l'avance chez votre boucher.

Les morceaux à rôtir

• *Le faux-filet, le filet, le rumsteck et la côte :* ils sont généralement synonymes, dans le rituel culinaire, de rôtis de fête ; mais attention, ils ne cuisent pas tous de la même façon.

A poids égal, un morceau mince et allongé (filet, par exemple) cuira moins longtemps qu'un morceau court et large (faux-filet). Pensez-y avant de mettre votre viande au four. Pour obtenir un rôti saignant, comptez 10 à 12 mn de cuisson par livre ; pour un rôti à point, 13 à 15 mn, et bien cuit 17 à 20 mn. Ces temps de cuisson ne sont bien sûr qu'indicatifs, sachez les moduler en fonction de vos goûts.

Il y a deux manières de faire cuire un rôti : si vous l'aimez croustillant et doré à l'extérieur et saignant à l'intérieur, mettez-le dans un four très chaud, thermostat 9 (280°), pendant 15 mn, puis baissez le thermostat à 6 (200°) et prolongez la cuisson le temps nécessaire. Si, au contraire, vous préférez un rôti cuit uniformément, rosé et à point, mettez-le au four, thermostat 4 (140°), et prolongez le temps de cuisson de 5 à 10 mn par livre.

Les morceaux à braiser ou à bouillir

• *Collier, poitrine, basses côtes, paleron, jumeau, macreuse, tendron, culotte, queue, gîte-gîte, gîte à la noix :* ces morceaux, les moins tendres du bœuf, se prêtent admirablement aux cuissons mijotées dans des cocottes hermétiquement closes, posées sur le coin d'un fourneau ou dans un four doux. Voyez notre volume consacré à la cuisine mijotée.

Le veau

Préférez une viande rose nacrée à une viande blanche, trop souvent synonyme de veau élevé aux farines. Vous le mangerez toujours bien cuit.

Les morceaux à griller et à poêler

• *Les côtes secondes et les côtes premières :* elles sont excellentes grillées au barbecue ou frites à la poêle et parfumées aux fines herbes.
• *La longe et le filet :* ce sont les morceaux préférés des amateurs de brochettes.
• *La noix et la sous-noix :* morceaux tendres et délicats dans lesquels on découpe les escalopes, nécessitent une cuisson rapide dans un corps gras. Ne prolongez jamais leur cuisson dans le liquide qui vous a servi à déglacer la poêle, la viande deviendrait dure et peu appétissante.

Les morceaux à braiser et pour les sautés

• *Le quasi, la noix et la sous-noix, le haut de côtes, l'épaule, le jarret, le flanchet, le tendron, la poitrine et la queue :* ils cuisent dans du vin, du bouillon ou de la crème, soit entiers — la noix, par exemple — soit découpés en rouelles comme le jarret utilisé pour faire le délicat « osso buco », soit détaillés en petits cubes pour des sautés légers et parfumés, comme le quasi ou l'épaule.

Les morceaux à rôtir

• *La longe, le filet, le quasi, la noix, la sous-noix et l'épaule :* ce sont des morceaux très tendres mais souvent un peu secs. Pour éviter qu'ils ne se dessèchent pendant la cuisson — assez longue, car le veau doit être servi bien cuit — demandez à votre boucher de barder ces morceaux qui resteront ainsi tendres et moelleux. Saisissez-les au four, thermostat 6 (200°), pendant 15 mn, puis au thermostat 5 (170°) et poursuivez la cuisson. Comptez 25 et 30 mn par livre.

Le porc

C'est une viande excellente, qui doit être rosée, pas trop grasse, mais surtout très sèche. Le porc doit toujours être mangé très cuit.

Les morceaux à griller

• *Les côtes premières, les côtes secondes, les côtes dans le filet et les côtes dans l'échine* : faites-les cuire sur un barbecue, en les parfumant de romarin ou de sauge.
• *La grillade* : c'est un morceau méconnu. Faites-le mariner dans du citron, de l'ail et des fines herbes.
• *Le travers* : c'est le morceau de choix des amateurs de grillade, mariné dans des sauces aigres-douces et grillé doucement et longuement.
• *Le jambon frais* : cuit à la broche ou braisé puis caramélisé au gril du four, c'est un plat de fête.
• *Les pieds, la queue et les oreilles grillées* : n'hésitez pas, c'est vraiment délicieux…

Les morceaux à poêler

• *Les côtes premières, secondes, dans le filet ou dans l'échine* : faites-les cuire 15 mn de chaque côté selon leur épaisseur.

Les morceaux à rôtir ou pour sautés

• *La palette, l'échine et la pointe de filet* : ils feront des rôtis très appréciés.
• *Le carré* : légèrement sec, utilisez-le en morceaux pour les sautés, ou entier cuit dans du vin ou du bouillon.
• *Le filet mignon* : le meilleur morceau du porc ; il est tendre, délicat et moelleux à souhait. Vous pouvez soit le faire rôtir au four, soit le cuire en cocotte avec du vin blanc.
• *L'échine et la palette* : ce sont des morceaux entrelardés qui vous donneront d'excellents petits sautés.

Le porc demi-sel

• *L'échine, le travers, le jambonneau, la palette* : les faire tremper avant de les cuire et même de les blanchir.

L'agneau

De couleur rose clair, il doit être entouré d'une graisse blanche et abondante.

Les morceaux à griller et à poêler

• *Les côtelettes dans le filet, les côtelettes premières, les côtelettes secondes* : délicates et tendres, vous les ferez cuire au gril ou à la poêle.
• *L'épaule ou le gigot* : entiers à la broche ou découpés en morceaux pour les brochettes.

Les morceaux à rôtir

• *L'épaule, le gigot, le carré, le baron (les deux gigots et la selle non séparés)* : faites-les cuire au four assaisonnés d'ail, de brindilles de romarin, de sel et de poivre. Faites-les cuire 17 à 20 mn par livre dans un four chaud, thermostat 8 (250°).

Les morceaux à braiser ou pour sautés

• *L'épaule et la selle* : en une seule pièce pour être braisées, ou découpées en cubes pour des sautés.
• *Le collet, la poitrine et le haut de côtelettes* : ils font des ragoûts très appréciés.

La viande hachée

On utilise surtout le bœuf haché, mais, qu'elle soit de porc, d'agneau ou de veau, la viande hachée est toujours excellente. Essayez les « pâtés d'oignons farcis » à l'agneau, les « petits pâtés à la menthe » ou les « croquettes de veau ».

Faites hacher la viande par votre boucher ou hachez-la vous-même à la main : ce n'est pas difficile, vous en trouverez la technique dans notre numéro consacré à la cuisine mijotée. Choisissez toujours de la viande un peu grasse.
• *Pour le bœuf* : demandez à votre boucher du paleron, du gîte ou de la macreuse, ce sont des morceaux économiques et excellents.
• *Pour le veau* : collet, quasi ou culotte.
• *Pour le porc* : échine, palette, ou carré mélangé avec de la poitrine fraîche.
• *Pour l'agneau* : épaule et collet.

Les abats

Les rognons : d'agneau ou de veau ; ne les faites jamais trop cuire, car ils durciraient et deviendraient caoutchouteux. Dégustez-les dorés à la poêle ou en brochettes.
Le foie : de veau ou d'agneau. Le foie est excellent cuit à la poêle ; il doit être rosé, jamais saignant.

Vous pouvez faire un excellent rôti avec un foie entier lardé et ficelé, cuit au four.
Les cœurs : d'agneau, de veau ou de bœuf, ils demandent une longue cuisson mais permettent de confectionner des plats économiques et délicieux.
Les langues : d'agneau ou de bœuf ; comme les cœurs, elles demandent une longue cuisson mais récompensent

votre attente… Essayez la « langue de bœuf braisée », elle plaira même aux détracteurs de la langue !

Comment conserver la viande ?

La viande hachée crue, de quelque animal qu'elle provienne, ne se conserve pas ou peu. Le steak tartare doit être haché juste avant d'être dégusté.

La viande hachée destinée à être cuite doit l'être dans les 10 heures qui suivent le moment où elle a été hachée, à condition d'être gardée au froid. Si elle est cuite, vous pouvez la garder 24 heures au réfrigérateur.

Lorsque vous avez acheté un morceau de viande, dès que vous rentrez chez vous, retirez-le de son papier d'emballage, posez-le sur une assiette et gardez-le au réfrigérateur, sans le couvrir, jusqu'au moment de l'utilisation. Mais attention, pour une friture ou une grillade, sortez la viande 1 h avant la cuisson, car elle ne doit pas être trop froide.

Les grosses pièces de viande crue se conservent 24 à 36 heures au réfrigérateur, de même que les viandes cuites qu'il faut toujours faire refroidir avant de garder au froid.

Les ustensiles de cuisson

• *Le barbecue :* préparez-en la braise, charbon de bois seul ou avec des sarments de vigne qui parfumeront agréablement vos grillades, au moins 30 mn à l'avance.

Au moment de la cuisson, il ne doit plus y avoir de flammes. Une fine pellicule de cendres blanchâtres doit recouvrir les braises, la chaleur alors est à son maximum et aucune flamme ne viendra brûler vos aliments.

• *Le gril :* il peut remplacer le barbecue. Le meilleur est sans conteste le gril en fonte, car la fonte est un excellent conducteur de chaleur. Faites-le toujours chauffer 8 à 10 mn avant la cuisson.

• *Le gril du four :* recommandé pour les brochettes. Faites-le chauffer 10 mn avant la cuisson et n'oubliez pas de placer la lèchefrite en dessous pour recueillir les sucs de cuisson et en arroser les viandes. Laissez toujours la porte de votre four entrouverte.

Faites d'abord saisir les aliments à feu vif des deux côtés, puis réduisez le feu ou bien éloignez-les de la flamme ou des braises, afin qu'ils puissent cuire en profondeur.

Les ustensiles de cuisine

• *La poêle :* pour les viandes frites, qui ont besoin d'être saisies, prenez une poêle en aluminium ou en fonte noire car ces deux métaux sont très bons conducteurs de chaleur. Si vous voulez utiliser très peu de matières grasses, vous trouverez facilement des poêles à revêtement antiadhésif.

• *La sauteuse :* un fond large, des bords droits de 8 cm de hauteur environ et un couvercle ; elle est parfaite en aluminium ou en acier inoxydable.

• *La cocotte en fonte noire ou en fonte émaillée :* elles sont peut-être lourdes mais ce sont les cocottes idéales pour passer sans problème de la flamme ou de la plaque électrique au four.

• *La cocotte en terre :* elle doit toujours être en terre vernissée à l'intérieur ; on peut, la veille, y faire mariner les ingrédients d'une recette puis les cuire le lendemain sans aucun problème.

Ne la mettez jamais directement sur la flamme : insérez une plaque d'amiante entre la flamme et la cocotte. Au four, n'allez pas plus haut que le thermostat 4 (140°).

Ayez des poêles, sauteuses ou cocottes de différentes tailles. 500 g de viande en morceaux ne doivent pas être perdus dans une sauteuse de 28 cm de diamètre ! Les ingrédients doivent juste tenir dans le plat de cuisson, ainsi ils y cuiront parfaitement.

Comment entretenir vos ustensiles de cuisine

• *La fonte noire :* avant la première utilisation, badigeonnez largement l'intérieur de l'ustensile d'huile d'arachide (sans parfum), puis faites chauffer à feu très doux — l'huile ne doit surtout pas fumer — pendant quelques minutes, retirez du feu et laissez refroidir. Laissez reposer 5 à 6 heures puis jetez l'huile, essuyez l'ustensile : il est prêt à être utilisé. Après chaque utilisation, lavez-le à l'eau, séchez-le à fond et enduisez-le d'une légère couche d'huile.

• *La fonte émaillée :* avant la première utilisation, préparez la fonte émaillée comme la fonte noire. Après chaque utilisation, lavez à l'eau chaude et au savon. Si votre ustensile a attaché, ne grattez pas le fond, mais laissez-y de l'eau savonneuse, le temps qu'il faudra. Ensuite rincez et essuyez.

• *L'aluminium et l'acier inoxydable :* ils ne nécessitent aucun traitement préalable. Lavez à l'eau et au savon. Si des aliments y ont attaché, faites-y bouillir de l'eau puis laissez refroidir, lavez à nouveau et essuyez.

• *La terre vernissée, la porcelaine, le verre :* pas de traitement spécial, se lavent à l'eau et au savon.

•

Quelques conseils pour réussir vos grillades

• Ne piquez pas la viande en cours de cuisson, cela ferait échapper le jus de la viande et votre grillade serait sèche et élastique. Utilisez une spatule.

• Faites des entailles dans le gras qui entoure les côtes de porc ou les côtelettes d'agneau : sinon, le gras, en se rétrécissant très vite à la cuisson, empêcherait les viandes de cuire uniformément et de bien dorer.

• Si vous faites cuire une tranche de viande, faux-filet ou entrecôte, prenez-la d'une épaisseur égale sur toute sa surface, elle cuira beaucoup mieux.

• Sortez les viandes du réfrigérateur 1 h au moins avant de les faire griller.

• Servez les rognons, le foie et l'agneau à point, le bœuf bleu ou saignant, le porc et le veau bien cuits.

• Plat à four ou à gratin : ils sont le plus souvent en porcelaine ; prenez-en soin car la porcelaine s'ébrèche facilement, et ne supporte pas les trop brusques changements de température. On en trouve aussi en terre vernissée — aussi délicats que la porcelaine — ou en fonte émaillée ou en verre à four, plus résistants.

Voilà donc les conseils élémentaires que nous pensons nécessaires à la bonne réussite des plats proposés dans ce volume. Suivre les recettes à la lettre ne sert à rien si l'on n'est pas capable de choisir les matières premières, de connaître les modes et les temps de cuisson appropriés, et les équipements nécessaires. Vous êtes maintenant mieux armés pour vous mesurer à de nouvelles expériences culinaires : n'hésitez pas, dans un premier temps, à vous reporter à ces quelques directives avant, dans un deuxième temps, d'élargir vos connaissances par la pratique.

Entrecôte à l'échalote

Pour 4 personnes. Préparation et cuisson : 15 mn

 ★

- *1 entrecôte de 800 g*
- *8 échalotes*
- *2 gousses d'ail*
- *80 g de beurre*
- *1 dl de vin blanc sec*
- *1 cuil. à café de jus de citron*
- *sel, poivre*

1. Pelez les échalotes et l'ail, hachez-les menu. Salez et poivrez l'entrecôte.

2. Faites chauffer 30 g de beurre dans une poêle et faites-y revenir l'entrecôte sur feu vif pendant 8 à 10 mn, selon que vous aimez la viande saignante ou à point.

3. Pendant ce temps, faites fondre le beurre restant dans une petite casserole et faites-y revenir les échalotes et l'ail pendant 5 à 10 mn sans cesser de tourner sur feu doux. Lorsque les échalotes commencent à prendre couleur, ajoutez le vin blanc et le jus de citron. Salez et poivrez.

4. Lorsque la viande est cuite, ajoutez les échalotes dans la poêle, laissez chauffer le tout 1 mn, puis dressez la viande sur un plat de service, disposez les échalotes dessus et nappez du jus de cuisson.

Côte de bœuf rôtie à l'anglaise

★★

Pour 6 personnes. Préparation et cuisson : 1 h 45 environ

- *1 côte de bœuf de 2 kg*
- *1 kg de pommes de terre (nouvelles de préférence)*
- *sel, poivre fraîchement moulu*

Pour le Yorkshire pudding :
- *75 g de farine*
- *1 œuf*
- *1,5 dl de lait*
- *1 cuil. à soupe de beurre*
- *1 pincée de sel*

1. Allumez le four, thermostat 8 (250°). Préparez le Yorkshire pudding : versez la farine dans une terrine et ajoutez-y une pincée de sel. Cassez l'œuf au centre, versez progressivement le lait en mélangeant régulièrement avec une cuillère en bois jusqu'à obtention d'une pâte lisse et souple. Laissez-la reposer.

2. Placez la viande dans un plat. Poivrez et salez légèrement. Laissez cuire au four 15 mn, thermostat 8, puis baissez le thermostat à 5 (170°) et laissez cuire encore 40 à 50 mn, selon que vous aimez la viande à point ou bien cuite.

3. Pendant ce temps, épluchez les pommes de terre, coupez-les en rondelles épaisses ou en quartiers, lavez-les et essuyez-les.

4. Au bout de 30 à 40 mn de cuisson, disposez les pommes de terre autour de la viande et laissez cuire le tout 25 mn.

5. Lorsque la viande est cuite, sortez le plat du four et enveloppez-le d'une ou plusieurs épaisseurs de feuilles d'aluminium. Gardez-le au chaud sur la cuisinière.

6. Augmentez le four, thermostat 6 (200°). Beurrez des moules à tartelettes, posez-les sur la plaque du four et faites fondre le beurre au four. Versez-y la pâte. Laissez cuire 15 à 20 mn jusqu'à ce que les puddings soient bien gonflés et dorés.

7. Démoulez et servez chaud en même temps que la viande et les pommes de terre.

Cette côte de bœuf s'accompagne d'une sauce de raifort râpé à la crème fraîche.

★★

Poitrine roulée en cocotte

Pour 5-6 personnes. Préparation : 15 mn. Marinade : 3 à 4 h. Cuisson : 4 h

- *1,5 kg de poitrine de bœuf, désossée et ficelée*
- *8 petits oignons*
- *4 carottes*
- *4 côtes de céleri*
- *2 clous de girofle*
- *1 feuille de laurier*
- *1,5 dl de vin rouge*
- *2 cuil. à soupe d'huile*
- *1,5 dl de bouillon de bœuf*
- *1 cuil. à café de Maïzena*
- *sel, poivre noir*

1. Mettez la viande dans une terrine. Arrosez-la de vin et laissez-la mariner pendant 3 à 4 h. Retournez-la à plusieurs reprises.

2. Au bout de ce temps, allumez le four, thermostat 4 (140°). Egouttez la viande et essuyez-la soigneusement. Pelez les carottes et coupez-les en rondelles épaisses. Lavez le céleri et coupez-le en tronçons. Pelez les oignons. Faites chauffer l'huile dans une cocotte, faites-y revenir la viande de tous côtés, puis disposez autour le céleri, les oignons, les carottes, les clous de girofle et le laurier. Salez, poivrez, ajoutez le vin de la marinade ainsi que le bouillon. Couvrez et mettez 3 h 30 au four.

3. Dressez la viande dans un plat de service. Retirez les légumes de la cocotte avec une écumoire et disposez-les autour de la viande. Gardez le tout au chaud.

4. Retirez l'excès d'huile qui surnage. Eliminez les clous de girofle et le laurier. Diluez la Maïzena dans 2 cuillerées à soupe d'eau et versez-la dans la cocotte. Mélangez, portez à ébullition sans cesser de mélanger avec une spatule, jusqu'à ce que la sauce épaississe.

5. Servez la sauce dans une saucière en même temps que la viande et les légumes.

Lasagnes vertes gratinées

Pour 6 personnes. Préparation et cuisson : 1 h 30

- *150 g de lasagnes vertes*
- *500 g de bifteck haché*
- *4 grosses tomates mûres*
- *1 carotte*
- *1 gros oignon*
- *2 branches de céleri*
- *1 feuille de laurier*
- *1 gousse d'ail*
- *1 cuil. à soupe de parmesan râpé*
- *50 g d'emmenthal râpé*
- *4 cuil. à soupe de vin rouge*
- *3 cuil. à soupe d'huile*
- *1 cuil. à café d'origan en poudre*
- *1 cuil. à soupe de gros sel*
- *1 morceau de sucre*
- *10 g de beurre*
- *sel, poivre noir*

Pour la béchamel :
- *6 dl de lait*
- *50 g de beurre*
- *50 g de farine*
- *1 feuille de laurier*
- *1 petit oignon*
- *sel, poivre, muscade*

1. Lavez les branches de céleri et essuyez-les. Epluchez l'oignon et émincez-le. Pelez la gousse d'ail et hachez menu l'ail et les branches de céleri. Grattez les carottes et coupez-les en très fines lamelles. Lavez les tomates et passez-les au moulin à légumes, grille fine.

2. Faites chauffer sur feu doux 2 cuillerées à soupe d'huile dans une sauteuse et faites-y revenir l'oignon, le céleri, l'ail et les carottes. Ajoutez la viande hachée dans la sauteuse en l'écrasant bien dans l'huile avec une spatule. Remuez bien de façon à la faire dorer de tous côtés. Ajoutez le jus de tomate, le vin, l'origan, la feuille de laurier et le morceau de sucre. Salez et poivrez. Laissez cuire sur feu modéré 20 à 30 mn environ, jusqu'à ce que la sauce soit très réduite.

3. Préparez la béchamel : épluchez le deuxième oignon et coupez-le en fines rondelles. Versez le lait dans une casserole et ajoutez-y l'oignon et la feuille de laurier. Portez à ébullition, puis laissez refroidir. Passez le lait à travers une passoire fine pour éliminer l'oignon et le laurier. Faites fondre à feu très doux le beurre dans une casserole et incorporez-y la farine. Versez-y progressivement le lait. Portez à ébullition sans cesser de tourner et laissez cuire jusqu'à obtention d'une béchamel bien crémeuse. Retirez du feu, salez, poivrez, muscadez légèrement. Mélangez bien.

4. Allumez le four, thermostat 6 (200°). Placez un grand faitout sur feu vif, remplissez-le aux trois quarts d'eau. Ajoutez-y le gros sel et le restant d'huile. Portez à ébullition et plongez-y les lasagnes. Laissez-les cuire à gros bouillons, sans couvrir, pendant 7 à 8 mn. Egouttez-les et réservez-les dans le faitout.

5. Beurrez un moule à gratin de 5 cm de haut environ avec le beurre. Rangez-y le tiers des lasagnes, recouvrez-les successivement d'une couche de sauce tomate à la viande et d'une couche de béchamel. Répétez deux fois cette opération, en terminant par une couche de béchamel. Mélangez ensemble les deux qualités de fromage râpé et poudrez-en le gratin.

6. Laissez cuire au four pendant 25 mn pour que le gratin soit bien doré. Servez très chaud.

Chili con carne ★

Pour 4 personnes. Préparation : 10 mn. Cuisson : 1 h 45

- *1 kg de bœuf haché : gîte à la noix, macreuse*
- *2 gros oignons*
- *1/2 cuil. à café de poudre de piment : « chili powder »*
- *2 cuil. à soupe d'huile*
- *6 grosses tomates mûres*
- *1 boîte de 500 g de haricots rouges*
- *1 pincée de paprika*
- *1 pincée de cumin*
- *sel, poivre fraîchement moulu*

1. Epluchez et émincez les oignons. Lavez les tomates, plongez-les 10 secondes dans de l'eau bouillante, rafraîchissez-les, pelez-les, coupez-les en quartiers et épépinez-les.

2. Faites chauffer l'huile à feu doux dans une sauteuse et faites-y dorer la viande hachée en remuant fréquemment. Ajoutez l'oignon et la poudre de piment et laissez cuire pendant 5 mn, en mélangeant avec une spatule. Salez largement, poivrez légèrement, ajoutez le cumin, le paprika et les tomates. Couvrez. Laissez mijoter sur feu très doux pendant 1 h à 1 h 15, en ajoutant s'il le faut un peu d'eau chaude. Remuez de temps en temps.

3. Au bout de ce temps, égouttez les haricots rouges et mettez-les dans la sauteuse. Rectifiez l'assaisonnement et laissez mijoter 15 à 20 mn encore.

4. Servez très chaud dans des coupelles (en terre cuite de préférence pour conserver la chaleur).

Ce plat mexicain, très relevé, s'accompagne de croûtons chauds et se mange à la cuillère.

★★

Gratin de macaronis à la viande

Pour 4 personnes. Préparation et cuisson : 1 h 45

- *225 g de gros macaronis*
- *500 g de steak haché*
- *3 grosses tomates bien mûres*
- *2 tomates moyennes bien fermes*
- *100 g de champignons de Paris*
- *2 carottes*
- *1 gros oignon*
- *1 ou 2 gousses d'ail*
- *60 g de beurre*
- *50 g de farine*
- *100 g d'emmenthal râpé*
- *3 dl de lait*
- *3 cuil. à soupe d'huile*
- *1 cuil. à café d'origan en poudre*
- *1 feuille de laurier*
- *1 cuil. à soupe de gros sel*
- *1 morceau de sucre*
- *sel, poivre, noix muscade*

1. Epluchez l'oignon et émincez-le. Pelez les gousses d'ail et hachez-les menu. Epluchez les carottes et coupez-les en très fines rondelles. Coupez le pied terreux des champignons, lavez-les et coupez-les en fines lamelles. Laissez-les égoutter.

2. Faites chauffer 2 cuillerées à soupe d'huile dans une sauteuse et faites-y dorer l'oignon, l'ail et les carottes. Ajoutez-y la viande hachée en l'écrasant bien dans l'huile avec une spatule. Remuez bien, et faites-la dorer de tous côtés. Lavez les 3 tomates mûres et passez-les au moulin à légumes, grille fine. Ajoutez dans la sauteuse le jus de tomate, les champignons, la feuille de laurier, l'origan et le morceau de sucre. Salez et poivrez. Laissez cuire 15 à 20 mn sur feu modéré pour réduire la sauce.

3. Préparez une béchamel : faites fondre à feu très doux 50 g de beurre dans une casserole et incorporez peu à peu la farine en tournant régulièrement. Versez-y ensuite le lait par petites quantités, portez à ébullition sans cesser de tourner jusqu'à obtention d'une béchamel bien onctueuse. Retirez du feu, salez, poivrez, muscadez et ajoutez la moitié du fromage râpé. Mélangez bien.

4. Faites cuire les macaronis dans une grande quantité d'eau salée pendant 7 à 8 mn. Egouttez-les et réservez-les. Ajoutez-y l'huile restante et mélangez.

5. Allumez le four, thermostat 6 (200°). Beurrez un moule à gratin avec le restant du beurre et rangez-y le tiers des pâtes. Recouvrez-les avec la moitié de la sauce tomate à la viande, puis nappez avec la moitié de la béchamel. Rangez le deuxième tiers des macaronis, recouvrez-le de la sauce à la viande. Ajoutez le reste des macaronis et terminez avec une couche de béchamel. Poudrez de fromage râpé et laissez cuire au four pendant 30 à 40 mn.

6. Lavez les 2 autres tomates. Essuyez-les et coupez-les en tranches fines. Garnissez-en le gratin et servez bien chaud.

•

Bœuf à la bière blonde

Pour 6 personnes. Préparation : 15 mn. Cuisson : 2 h 20

- *800 g de bœuf : pointe de culotte, aiguillette, coupée en 6 biftecks*
- *3 grosses tomates mûres*
- *2 carottes*
- *2 gros oignons*
- *100 g de petits champignons de Paris*
- *1 gousse d'ail*
- *1 feuille de laurier*
- *1/2 litre de bière blonde*
- *4 cuil. à soupe de farine*
- *2 cuil. à soupe d'huile*
- *1/2 cuil. à café de noix muscade râpée*
- *1 cuil. à café de vinaigre*
- *1 cuil. à café de sucre en poudre*
- *sel, poivre noir*

1. Lavez les tomates et passez-les au moulin à légumes, grille fine. Pelez les oignons et émincez-les. Pelez la gousse d'ail et hachez-la menu. Epluchez les carottes et coupez-les en fines rondelles.

2. Versez la farine dans une assiette plate. Salez et poivrez largement. Mélangez. Passez les biftecks dans la farine et réservez-les dans une assiette.

3. Allumez le four, thermostat 3 (110°). Faites chauffer l'huile dans une poêle sur feu vif et, dès que l'huile est bien chaude, faites-y revenir les biftecks en les retournant rapidement pour que la farine soit juste dorée. Réservez les biftecks dans une cocotte.

4. Faites revenir dans la même poêle les oignons et l'ail. Versez-y par petites quantités la bière en mélangeant sans cesse. Portez à ébullition. Ajoutez dans la poêle le jus de tomate, le vinaigre, les carottes, la noix muscade, la feuille de laurier et le sucre en poudre. Salez et poivrez à volonté. Laissez cuire 5 à 6 mn sans couvrir.

5. Au bout de ce temps, nappez les biftecks de cette sauce. Mettez la cocotte au four pendant 1 h 30.

6. Au bout de 1 h 20 de cuisson, préparez les champignons : coupez-en le pied terreux, lavez-les, égouttez-les et ajoutez-les dans la cocotte. Rectifiez l'assaisonnement et laissez cuire encore 30 mn.

7. Lorsque le bœuf est cuit, retirez la feuille de laurier et servez chaud.

★

Queue de bœuf aux olives

- 1 queue de bœuf, coupée en tronçons de 4 cm
- 24 olives de Nice
- 2 oignons moyens
- 500 g de tomates mûres
- 3 dl de vin blanc sec
- 2 gousses d'ail
- 2 carottes
- 2 côtes tendres de céleri
- 4 cuil. à soupe de farine
- 2 cuil. à café d'origan
- 2 cuil. à soupe d'huile
- sel, poivre noir fraîchement moulu

1. Allumez le four, thermostat 3 (110°). Versez la farine dans une assiette plate. Salez et poivrez à volonté. Mélangez. Passez les morceaux de viande dans la farine et réservez-les dans une assiette. Pelez les oignons et émincez-les. Pelez les gousses d'ail et hachez-les menu. Grattez les carottes, lavez-les et coupez-les en fines rondelles. Retirez les feuilles du céleri, lavez-le et coupez-le en fins bâtonnets. Lavez les tomates et passez-les au moulin à légumes, grille fine.

2. Faites chauffer l'huile dans une poêle sur feu vif et faites-y bien dorer les morceaux de viande. Réservez-les dans une cocotte. Faites blondir dans la même poêle les oignons et l'ail. Mettez-les dans la cocotte et ajoutez-y le jus de tomate, le vin blanc, les carottes, le céleri et l'origan. Salez et poivrez largement. Couvrez et laissez cuire au four pendant 3 h.

3. Au bout de 3 h de cuisson, retirez la cocotte du four. Ajoutez les olives et rectifiez l'assaisonnement.

4. Replacez la cocotte au four et laissez cuire 1 h encore.

5. Au bout de ce temps, sortez la cocotte du four et servez aussitôt.

Hachis Parmentier au céleri-rave ★★

Pour 4 personnes. Préparation et cuisson : 2 h

- 500 g de bifteck haché
- 350 g de pommes de terre
- 1 céleri-rave
- 1 gros oignon
- 2 branches de céleri
- 2 tomates moyennes mûres
- 1 gousse d'ail hachée menu
- 50 g de beurre
- 1 cuil. à soupe d'huile
- 1 cuil. à soupe de farine
- 1 cuil. à café de basilic
- 1 cuil. à soupe de gros sel
- sel, poivre noir fraîchement moulu

1. Placez un faitout sur feu vif, rempli d'eau aux trois quarts.

2. Epluchez les pommes de terre, coupez-les en quatre et mettez-les au fur et à mesure dans un saladier rempli d'eau pour éviter qu'elles ne s'oxydent. Epluchez le céleri-rave, lavez-le et coupez-le en rondelles. Dès que l'eau bout, mettez-y le gros sel, puis les rondelles de céleri-rave et laissez-les cuire pendant 10 mn. Ajoutez-y ensuite les pommes de terre et laissez cuire le tout pendant 20 mn encore.

3. Pendant ce temps, épluchez l'oignon et émincez-le. Lavez les branches de céleri, essuyez-les avec un torchon et hachez-les menu. Lavez les tomates, coupez-les en quartiers et passez-les au moulin à légumes, grille fine. Réservez-en le jus dans un bol.

4. Allumez le four, thermostat 6 (200°). Faites chauffer l'huile dans une sauteuse et faites-y dorer l'oignon, l'ail et le céleri. Ajoutez-y la viande, écrasez-la bien dans l'huile et laissez cuire sur feu doux pendant 10 mn en remuant régulièrement avec une spatule, puis poudrez de farine, mélangez pendant 2 mn et ajoutez progressivement dans la sauteuse le jus de tomate tout en continuant à mélanger. Salez et poivrez à volonté. Ajoutez le basilic et laissez mijoter 15 à 20 mn.

5. Egouttez les pommes de terre et le céleri-rave. Passez-les au moulin à légumes au-dessus d'une terrine. Ajoutez 40 g de beurre et 1/2 verre de l'eau de cuisson pour que la purée ne soit pas trop compacte.

6. Beurrez un plat allant au four avec le beurre restant. Tapissez-le entièrement de viande. Vous pouvez soit recouvrir toute la surface de la viande de purée, soit vous servir d'une poche à douille cannelée de grand diamètre pour donner à votre plat une présentation plus originale. Laissez cuire au four 30 à 40 mn jusqu'à ce que la purée soit dorée et servez très chaud.

Boulettes géantes à la sauce piquante

Pour 4 personnes. Préparation : 30 mn. Cuisson : 20 mn

- *600 g de bifteck haché*
- *1 carotte*
- *1 endive*
- *1 cuil. à soupe de persil plat ciselé*
- *40 g de chapelure*
- *1 œuf*
- *2 cuil. à soupe d'huile*
- *4 cuil. à soupe de concentré de tomate*
- *4 cuil. à soupe de farine*
- *1/4 de cuil. à café de noix muscade râpée*
- *sel, poivre noir*

Pour la sauce :
- *4 cuil. à soupe de mayonnaise épaisse*
- *1 cuil. à soupe de sauce ketchup*
- *2 cuil. à café de jus de citron*
- *1 cuil. à café de zeste de citron*
- *quelques gouttes de sauce tabasco*
- *sel, poivre*

1. Eliminez les premières feuilles de l'endive, effeuillez-la, lavez les feuilles soigneusement et séchez-les dans un torchon. Epluchez la carotte et passez-la à la moulinette, grille fine. Cassez un œuf dans un bol et battez-le à la fourchette.

2. Mettez la viande hachée dans une terrine. Ajoutez-y la chapelure, la noix muscade, le persil, le concentré de tomate et l'œuf battu. Salez et poivrez à volonté. Travaillez le tout avec les doigts pour obtenir un mélange homogène. Partagez la viande en 4 parts. Formez avec chacune d'elles une grosse boulette que vous roulez d'abord entre les paumes des mains et que vous aplatissez ensuite légèrement en lui conservant une forme bien ronde. Réservez-les dans une assiette.

3. Versez la farine dans une assiette plate et passez-y les boulettes de tous côtés. Faites chauffer l'huile dans une poêle sur feu moyen et faites-y dorer les boulettes en les laissant cuire 10 mn sur chaque face pour qu'elles soient cuites à point. Réservez-les au chaud dans une assiette plate recouverte de papier absorbant.

4. Préparez la sauce en mélangeant dans un bol : la mayonnaise, le tabasco, le ketchup, le jus et le zeste de citron. Salez, poivrez. Rectifiez l'assaisonnement.

5. Disposez les boulettes toutes chaudes dans un plat de service, garnissez-les de feuilles d'endive à l'intérieur desquelles vous mettez un peu de carotte râpée. Versez la sauce dans une saucière et servez-la en même temps que la viande.

Croquettes de bœuf

Pour 4 personnes. Préparation et cuisson : 2 h 30. Réfrigération : 30 mn environ

- *500 g de plat de côtes*
- *6 oignons nouveaux*
- *2 tranches de lard de poitrine*
- *1 cuil. à soupe de persil plat ciselé*
- *40 g de beurre*
- *25 g de farine*
- *100 g de chapelure*
- *2 œufs*
- *4 cuil. à soupe d'huile*
- *1 cuil. à soupe de gros sel*
- *sel, poivre noir fraîchement moulu*

Pour la sauce :
- *2 oignons nouveaux*
- *6 cuil. à soupe de mayonnaise bien épaisse*
- *2 cuil. à café de vinaigre de cidre*
- *1 cuil. à café d'estragon ciselé*
- *sel, poivre*

1. Mettez le plat de côtes dans une marmite, recouvrez-le d'eau froide et portez à ébullition sur feu doux. Au fur et à mesure que l'écume se forme, retirez-la avec une écumoire. Salez. Laissez cuire pendant 2 h environ.

2. Pendant ce temps, pelez 6 oignons et hachez-les menu. Retirez la couenne du lard et hachez-le au couteau.

3. Dès que la viande est bien cuite, égouttez-la et hachez-la au couteau. Faites chauffer le beurre dans une poêle sur feu doux et faites-y blondir les oignons et les lardons. Ajoutez-y progressivement la farine tout en mélangeant avec une spatule. Laissez cuire jusqu'à obtention d'une belle couleur dorée. Retirez la poêle du feu. Jetez-y le bœuf, le persil, salez et poivrez à volonté. Rectifiez l'assaisonnement. Laissez refroidir.

4. Partagez le mélange en 8 parts. Donnez à chacune d'elles une forme cylindrique en la roulant entre les paumes des mains et mettez au fur et à mesure les croquettes sur une planche à pâtisserie saupoudrée de farine. Cassez 2 œufs dans un grand bol et battez-les à la fourchette. Versez la chapelure dans une assiette plate. Trempez les croquettes dans les œufs battus et passez-les ensuite dans la chapelure. Répétez cette opération en faisant bien adhérer la chapelure à la croquette. Réservez-les dans le réfrigérateur.

5. Préparez la sauce : pelez les 2 autres oignons et émincez-les. Mettez dans un bol la mayonnaise, le vinaigre, les oignons et l'estragon. Salez et poivrez à volonté. Mélangez.

6. 15 mn avant de passer à table, sortez les croquettes du réfrigérateur. Faites chauffer l'huile à feu vif dans une poêle. Quand l'huile est bien chaude, faites-y dorer les croquettes pendant 4 à 5 mn en les retournant avec précaution pour éviter de les casser. Posez-les au fur et à mesure sur du papier absorbant et disposez-les ensuite dans un plat de service. Servez immédiatement en même temps que la sauce.

Steaks à l'échalote

Pour 4 personnes. Préparation : 10 mn. Cuisson : 20 mn environ

- *4 steaks dans le faux filet ou l'aloyau*
- *8 échalotes grises*
- *50 g de beurre*
- *1 cuil. à soupe d'huile*
- *1 cuil. à soupe de persil haché menu*
- *sel, poivre noir fraîchement moulu*

Facultatif :
- *1 gousse d'ail*

1. Pelez les échalotes et émincez-les. Salez légèrement les steaks et poivrez-les abondamment.

2. Faites fondre 40 g de beurre dans une poêle et faites-y revenir les échalotes pendant 10 mn sans leur laisser prendre couleur. Salez. Réservez dans la poêle.

3. Faites chauffer l'huile dans une autre poêle et faites-y cuire les steaks 4 à 5 mn — selon que vous les aimez saignants ou à point — en les retournant souvent, puis mettez-les dans un plat de service et gardez-les au chaud.

4. Versez 3 cuillerées à soupe d'eau dans la poêle et grattez-en le fond avec une spatule pour détacher les sucs de cuisson de la viande. Faites réduire de moitié puis versez sur les steaks. Parsemez d'échalotes et de persil. Servez immédiatement.

Rosbif aux fruits de saison

Pour 6 personnes. Préparation : 30 mn. Cuisson : 35 à 40 mn

- *1,3 kg de contre-filet ficelé mais non bardé*
- *2 pommes golden vertes*
- *2 poires plutôt vertes*
- *2 bananes vertes*
- *le jus de 1 citron*
- *3 oranges*
- *1 cuil. à soupe d'huile*
- *60 g de beurre*
- *sel, poivre*

1. Huilez légèrement le rôti, salez-le, poivrez-le. Versez le jus de citron dans un saladier. Coupez les pommes en quatre, épluchez-les, ôtez le cœur et les pépins et coupez chaque quartier en 6 lamelles. Mettez-les au fur et à mesure dans le saladier pour éviter qu'elles ne s'oxydent.

2. Epluchez les poires, coupez-les en quatre, ôtez le cœur et les pépins et coupez-les en petits dés de 1 cm de côté. Ajoutez-les dans le saladier. Epluchez les bananes. Coupez-les en rondelles de 3 mm d'épaisseur, ajoutez-les dans le saladier. Mélangez.

3. Allumez le four, thermostat 7 (230°). Epluchez les oranges à vif. Avec un petit couteau pointu, passez entre les membranes blanches et la pulpe des fruits, détachez les quartiers des oranges et réservez-les dans un bol.

4. Beurrez un plat allant au four pouvant contenir les fruits sur 1 cm d'épaisseur, avec 10 g de beurre. Egouttez les fruits dans une passoire, puis mettez-les dans le plat à four avec les quartiers d'oranges.

5. Faites fondre le beurre restant, versez-le sur les fruits, mélangez. Posez le rôti par-dessus et mettez le plat au four.

6. Faites cuire le rôti 30 à 35 mn, selon que vous l'aimez saignant ou à point, puis éteignez le feu et laissez-le reposer 5 mn dans le four avant de le découper en tranches sur une planche. Reconstituez le rôti sur un plat de service, entourez-le de fruits et servez.

La garniture du rôti change avec les saisons. En été, par exemple, vous remplacerez les oranges par 200 g de grains de raisin et 100 g de groseilles égrappées. Vous pouvez accompagner ce rôti d'une sauce faite de crème fraîche tiède additionnée de moutarde et de persil ciselé, ou d'une sauce froide composée de yaourt, jus de citron et jus d'ail.

Veau rôti à l'orange

Pour 6 personnes. Préparation : 20 mn. Cuisson : 1 h 30

- 1,5 kg d'épaule de veau, désossée
- 4 oranges
- 1 pomme golden
- 1 cuil. à soupe de persil ciselé
- 1 petit oignon
- le zeste d'une orange
- 50 g de chapelure
- 1 œuf
- 6 tranches fines de lard de poitrine fumé
- 1 cuil. à soupe d'huile
- sel, poivre noir fraîchement moulu

1. Allumez le four, thermostat 7 (230°). Pelez l'oignon et émincez-le. Pelez 2 oranges à vif. Retirez la pulpe de chaque quartier en la séparant de la peau blanche qui la recouvre. Coupez chaque quartier en trois. Pelez la pomme, ôtez-en le cœur et les pépins et coupez chaque quartier en dés.

2. Préparez la farce : mélangez dans une terrine la pomme, l'oignon, le zeste et la pulpe des oranges, la chapelure et le persil. Salez et poivrez. Battez l'œuf, ajoutez-le au mélange et mélangez bien le tout.

3. Déroulez la pièce de veau dans un grand plat, côté gras au-dessous. Salez, poivrez légèrement le dessus. Etalez la farce sur la viande jusqu'à 1 cm des bords. Enroulez la viande sur elle-même. Fixez avec des brochettes, recouvrez la viande de lard, ficelez-la, posez-la dans un plat à rôtir et arrosez-la d'huile. Laissez cuire au four 1 h 30 environ. Pendant la cuisson, arrosez souvent la viande du jus de cuisson. Au bout de 1 h de cuisson, recouvrez la viande de papier d'aluminium et laissez cuire 30 mn encore.

4. 15 mn avant la fin de la cuisson, pelez les 2 autres oranges, coupez-les en rondelles et disposez-les dans le plat à four, autour de la viande.

5. Dressez la viande dans un plat de service garni des tranches d'oranges et de brins de persil. Servez chaud, versez le jus de cuisson en saucière.

Roulades de veau au jambon fumé

Pour 4 personnes. Préparation : 10 mn. Cuisson : 20 mn

- 8 fines tranches de noix de veau de 100 g chacune
- 4 fines tranches de jambon cru
- 16 feuilles de sauge fraîche
- 2 cuil. à soupe d'huile
- 25 g de beurre
- 3 cuil. à soupe de marsala
- 4 tranches moyennes de pain de mie
- sel, poivre noir

1. Coupez les tranches de jambon en deux. Poivrez légèrement les tranches de veau. Placez une feuille de sauge sur chaque tranche de viande. Recouvrez-les de jambon. Enroulez les tranches de viande sur elles-mêmes et fixez-les avec de petits bâtonnets de bois. Parez le pain de mie et coupez-le en gros dés.

2. Faites chauffer l'huile dans une poêle sur feu doux et faites-y dorer la viande de toutes parts en retournant les morceaux avec une spatule pendant 10 mn, poivrez, retirez les roulades de la poêle et réservez-les dans un plat de service, au chaud. Ajoutez le marsala dans la poêle et portez à ébullition. Couvrez. Laissez mijoter 10 mn.

3. Pendant ce temps, préparez les croûtons : faites chauffer le beurre dans une poêle et faites-y revenir les croûtons des deux côtés. Posez-les au fur et à mesure sur du papier absorbant. Salez-les pendant qu'ils sont chauds.

4. Lorsque la sauce est prête, rectifiez l'assaisonnement. Nappez les morceaux de viande du jus de cuisson et garnissez de croûtons et de feuilles de sauge. Servez aussitôt.

Veau rôti à la provençale

Pour 6 personnes. Préparation : 10 mn. Cuisson : 2 h

- 1,5 kg d'épaule de veau, désossée et ficelée
- 1 gros oignon
- 1 gousse d'ail
- 400 g de tomates pelées en conserve
- 1 cuil. à soupe de concentré de tomate
- 2 cuil. à soupe d'huile
- 1,5 dl de vin blanc sec
- sucre cristallisé
- sel, poivre noir

1. Allumez le four, thermostat 5 (170°). Passez les tomates au moulin à légumes.

2. Faites chauffer l'huile dans une cocotte et faites-y revenir la viande de toutes parts. Salez-la et poivrez-la légèrement et réservez-la dans un plat.

3. Pelez l'oignon et émincez-le. Pelez l'ail. Faites dorer l'oignon dans la cocotte, dans le jus de cuisson de la viande. Ajoutez-y les tomates, le concentré de tomate et le vin. Portez à ébullition. Salez, poivrez largement. Ajoutez-y une bonne pincée de sucre. Pressez l'ail au presse-ail au-dessus de la cocotte. Remettez la viande dans la cocotte, couvrez et laissez cuire au four 1 h 30.

4. Lorsque la viande est cuite, dressez-la sur un plat de service, rectifiez l'assaisonnement de la sauce et faites-la réduire de moitié à feu vif. Versez la sauce sur le rôti et garnissez le plat de brins de persil.

Veau à la sauce au thon

Pour 4 personnes. Préparation et cuisson : 1 h 15. Réfrigération : 24 h

- *1 kg de noix de veau ficelée*
- *1 carotte*
- *1 oignon*
- *2 côtes de céleri*
- *6 brins de persil*
- *1 boîte de thon à l'huile d'olive, de 200 g environ*
- *8 filets d'anchois à l'huile*
- *1 jaune d'œuf*
- *1 cuil. à café de moutarde*
- *6 grains de poivre*
- *1 feuille de laurier*
- *1,5 dl d'huile d'olive*
- *1 cuil. à soupe de jus de citron*
- *une quinzaine de câpres*
- *2 citrons*
- *sel, poivre noir fraîchement moulu*

1. Lavez le céleri et coupez-le en fines lamelles. Grattez la carotte et coupez-la en dés. Pelez l'oignon et émincez-le.

2. Mettez dans une marmite : la viande, la feuille de laurier, le céleri, la carotte, l'oignon, les grains de poivre et les brins de persil. Recouvrez le tout d'eau froide. Portez à ébullition en retirant au fur et à mesure l'écume qui se forme à la surface. Couvrez. Laissez mijoter 1 h, puis laissez refroidir la viande dans son bouillon.

3. Pendant ce temps, préparez la sauce : passez au mixer le contenu de la boîte de thon et 6 filets d'anchois jusqu'à obtention d'une fine purée. Préparez une mayonnaise avec le jaune d'œuf, la moutarde et l'huile. Versez-y le jus de citron, puis progressivement incorporez-y la crème de thon et d'anchois, en tournant régulièrement pour avoir une sauce crémeuse. Salez, poivrez à volonté.

4. Lorsque la viande est froide, coupez-la en tranches fines et disposez-les dans un plat de service. Nappez la viande de sauce, et mettez au réfrigérateur jusqu'au lendemain.

5. Avant de servir, garnissez le plat avec le restant de filets d'anchois et les câpres, décorez de rondelles de citron et de brins de persil.

Roulades de veau à la crème

Pour 4 personnes. Préparation : 15 mn. Cuisson : 20 mn

- *4 petites escalopes de veau*
- *150 g de champignons de Paris*
- *2 petites tranches de jambon cuit*
- *2 œufs durs*
- *1 cuil. à café de Maïzena*
- *25 g de beurre*
- *1 cuil. à soupe de crème fraîche épaisse*
- *3 cuil. à soupe d'huile*
- *sel, poivre noir fraîchement moulu*

1. Allumez le four, thermostat 4 (140°). Coupez les œufs durs et les tranches de jambon en deux. Coupez le pied terreux des champignons, lavez-les, essuyez-les et coupez-les en fines lamelles. Poivrez les escalopes légèrement, placez sur chacune d'elles la moitié d'une tranche de jambon et la moitié d'un œuf dur. Enroulez chaque escalope sur elle-même et fixez avec un petit bâtonnet de bois.

2. Faites chauffer l'huile dans une poêle et faites-y cuire les rouleaux de viande de tous côtés pendant 10 mn. Réservez-les dans un plat de service au chaud.

3. Faites fondre le beurre dans la poêle. Faites-y revenir les champignons sur feu vif pendant 5 mn, jusqu'à ce qu'il n'y ait plus de liquide dans la poêle. Délayez la Maïzena dans la crème et ajoutez-la dans la poêle. Mélangez. Faites cuire quelques minutes jusqu'à ce que la sauce épaississe. Rectifiez l'assaisonnement.

4. Nappez les escalopes de sauce bien chaude et servez.

Croquettes de veau aux champignons

★★

Pour 4 personnes. Préparation : 15 mn. Cuisson : 30 mn

- *400 g de viande de veau maigre hachée*
- *250 g de chair à saucisse*
- *1 oignon*
- *2 œufs*
- *3 cuil. à soupe d'huile*
- *3 cuil. à soupe de chapelure*
- *1/4 de cuil. à café de sauce tabasco*
- *sel, poivre noir fraîchement moulu*

Pour la sauce :
- *150 g de champignons de Paris*
- *1 dl de crème fraîche*
- *1 oignon*
- *2 cuil. à café de Maïzena*
- *20 g de beurre*
- *1/4 de cuil. à café de sauce tabasco*
- *sel, poivre, noix muscade*

1. Pelez l'oignon et hachez-le menu. Mettez-le dans une terrine avec le veau haché, la chair à saucisse, une larme de tabasco, et un œuf. Salez, poivrez et travaillez bien le tout avec les doigts jusqu'à obtention d'un mélange homogène. Divisez ce mélange en quatre parties égales et formez avec chacune d'elles un triangle bien plat. Battez le deuxième œuf et trempez-y ces triangles, passez-les ensuite dans la chapelure des deux côtés.

2. Préparez la sauce : délayez la Maïzena dans la crème. Coupez le pied terreux des champignons, lavez-les, essuyez-les et coupez-les en fines lamelles. Pelez l'oignon et émincez-le. Faites fondre le beurre dans une casserole et faites-y dorer l'oignon sur feu doux. Ajoutez-y les champignons et laissez-les cuire 5 à 6 mn en remuant. Versez-y la crème, une larme de tabasco. Salez, poivrez, muscadez, mélangez, jusqu'à ce qu'il n'y ait plus d'eau dans la casserole. Portez à ébullition. En tournant régulièrement, laissez bouillir 2 mn jusqu'à ce que la crème épaississe.

3. Pendant ce temps, faites chauffer l'huile dans une poêle et faites-y dorer les triangles de viande 10 à 12 mn sur chaque face. Posez-les sur du papier absorbant et réservez-les dans un plat de service au chaud.

4. Nappez les croquettes de viande de sauce. Servez immédiatement.

Rôti de veau au poivre vert ★

Pour 4 personnes. Préparation : 5 mn. Cuisson : 1 h 15

- *1 rôti de veau de 1,5 kg*
- *2 cuil. à soupe de poivre vert*
- *2 dl de vin blanc sec*
- *30 g de beurre*
- *2 cuil. à soupe de cognac*
- *100 g de crème fraîche*
- *sel, poivre*

1. Ecrasez 2 cuillerées à café de poivre vert et frottez-en le rôti.

2. Faites fondre le beurre dans une cocotte sur feu vif, mettez-y la viande et faites-la dorer de tous côtés, pendant 10 mn. Baissez le feu et ajoutez le poivre vert restant, arrosez de 2 dl de vin blanc. Salez et laissez cuire à couvert pendant 1 h.

3. Au bout de ce temps, dressez la viande sur un plat de service au chaud. Laissez la cocotte sur feu doux, ajoutez le cognac et la crème fraîche, mélangez bien avec une spatule en bois pour détacher tous les sucs de cuisson. Laissez chauffer 5 mn.

4. Nappez la viande de sauce et servez.

Pâté en croûte

★★

Pour 6 personnes. Préparation : 30 mn. Cuisson : 2 h

- *350 g de viande de veau hachée*
- *450 g de jambon cuit*
- *1 petit oignon*
- *1 bonne pincée de noix muscade râpée*
- *sel, poivre noir fraîchement moulu*

Pour la pâte :
- *125 g de beurre mou*
- *250 g de farine*
- *1 jaune d'œuf*
- *sel*

1. Coupez finement 100 g de jambon et mélangez-le avec la viande de veau hachée. Coupez le restant de jambon en lamelles. Pelez l'oignon et émincez-le. Ajoutez-le au mélange de jambon et de veau. Saupoudrez de noix muscade. Salez, poivrez. Mélangez bien.

2. Allumez le four, thermostat 6 (200°). Préparez la pâte : mettez la farine dans un saladier et ajoutez-y 1/2 cuillerée à café de sel, puis progressivement le beurre en parcelles. Travaillez la pâte jusqu'à la rendre bien souple, incorporez quelques cuillerées à soupe d'eau si nécessaire.

3. Abaissez la pâte au rouleau sur un plan de travail fariné. Etalez-en les trois quarts sur le fond d'un moule à soufflé de 18 à 20 cm de diamètre. Réservez le reste de la pâte. Etalez la moitié de la farce sur le fond de tarte, couvrez de lamelles de jambon, puis du restant de farce en tassant bien. Avec le restant de pâte, faites le dessus du pâté qui doit avoir les mêmes dimensions que le moule. Couvrez-en la farce, humectez-en les bords et pincez-les en festonnant pour bien les souder. Décorez le dessus de fioritures en vous servant des chutes de pâte. Pratiquez un trou au centre. Badigeonnez tout l'extérieur du pâté de jaune d'œuf et laissez cuire au four 30 mn.

4. Réduisez ensuite la chaleur du four, thermostat 3 (110°) et laissez cuire encore pendant 1 h 15 à 1 h 30. Si la pâte dore trop, recouvrez-la d'une feuille de papier d'aluminium. Laissez cuire ensuite le temps voulu.

5. Lorsque le pâté est cuit, laissez-le refroidir complètement avant de le servir.

Vous pouvez accompagner ce plat de différentes salades de votre choix.

Escalopes au paprika

Pour 4 personnes. Préparation : 10 mn. Cuisson : 20 mn environ

- *4 fines escalopes de veau*
- *2 cuil. à café de paprika doux*
- *1 oignon moyen*
- *250 g de champignons de Paris*
- *40 g de beurre*
- *1 dl de crème fraîche épaisse*
- *2 cuil. à café de jus de citron*
- *sel, poivre*

1. Pelez l'oignon et émincez-le. Coupez le pied terreux des champignons, lavez-les, essuyez-les et coupez-les en fines lamelles. Salez et poivrez les escalopes.

2. Faites fondre le beurre dans une poêle et faites-y cuire les escalopes 3 mn de chaque côté. Retirez-les de la poêle et gardez-les au chaud dans un plat de service.

3. Mettez l'oignon dans la poêle et faites-le revenir à feu doux, jusqu'à ce qu'il soit blond, ajoutez-y les champignons et faites-les cuire 5 mn à feu vif.

4. Mélangez la crème, le jus de citron et le paprika, puis ajoutez ce mélange dans la poêle et faites-le réduire de moitié, sans cesser de tourner.

5. Nappez les escalopes de sauce et servez.

Veau à la Montmorency

Pour 4 personnes. Préparation : 5 mn. Cuisson : 15 mn

- *4 escalopes de veau*
- *400 g de cerises noires en conserve*
- *25 g de beurre*
- *4 cuil. à soupe de madère*
- *2 cuil. à café de jus de citron*
- *sel, poivre noir*

Facultatif :
- *quelques brins de cresson*

1. Salez et poivrez légèrement la viande des 2 côtés. Egouttez les cerises.

2. Faites fondre le beurre dans une poêle, et faites-y revenir les escalopes 2 à 3 mn de chaque côté, puis réservez-les. Dans la poêle ajoutez le jus de citron et le madère, puis jetez-y les cerises et laissez mijoter 5 mn sans couvrir. Remettez les escalopes dans la poêle et faites réchauffer quelques minutes.

3. Dressez les escalopes dans un plat de service, nappez-les de sauce aux cerises et servez aussitôt.

Accompagnez de bouquets de cresson.

Escalopes à la crème

Pour 4 personnes. Préparation : 10 mn. Cuisson : 15 mn environ

- *8 minces escalopes de 100 g chacune*
- *2 oignons*
- *50 g de beurre*
- *1 cuil. à café de Maïzena*
- *2 cuil. à soupe de persil haché menu*
- *3 dl de crème fraîche épaisse*
- *sel, poivre noir fraîchement moulu*

1. Pelez les oignons et hachez-les. Salez et poivrez légèrement les escalopes.

2. Faites fondre le beurre dans une poêle et faites-y cuire les tranches de viande 3 mn de chaque côté, puis retirez-les de la poêle et réservez-les dans un plat de service tenu au chaud.

3. Mettez les oignons dans la poêle et faites-les revenir à feu doux pendant 5 mn. Délayez la Maïzena dans la crème, puis versez-la dans la poêle et faites cuire 3 mn jusqu'à ce que la sauce épaississe. Vérifiez l'assaisonnement.

4. Nappez les escalopes de sauce, poudrez de persil et servez aussitôt.

★

Côtes de veau gratinées

Pour 4 personnes. Préparation : 10 mn. Cuisson : 1 h

- 4 côtes de veau
  de 200 g chacune
- 1 gousse d'ail
- 1 oignon
- 400 g de tomates pelées
  en conserve
- 40 g de beurre
- 100 g de mozzarella
- 2 cuil. à soupe
  de vin rouge
- sel, poivre noir
  fraîchement moulu

1. Allumez le four, thermostat 6 (200°). Pelez l'ail et écrasez-le d'un coup sec de la main. Pelez l'oignon et émincez-le. Coupez la mozzarella en tranches fines. Parez la viande, salez-la et poivrez-la à volonté et frottez-la avec la gousse d'ail.

2. Faites fondre le beurre dans une cocotte allant au four et faites-y revenir l'oignon jusqu'à ce qu'il soit bien doré, réservez-le dans une assiette. Faites revenir les côtes de veau dans le même gras de cuisson jusqu'à ce qu'elles soient bien dorées et recouvrez-les avec l'oignon réservé. Ajoutez-y les tomates et le vin. Salez, poivrez légèrement. Couvrez la cocotte et laissez cuire au four 40 mn environ.

3. Au bout de ce temps, allumez le gril du four. Otez le couvercle de la cocotte, recouvrez la viande de fromage et laissez griller jusqu'à ce que la mozzarella fonde et soit légèrement dorée. Servez immédiatement.

Rôti de veau aux pruneaux

★

Pour 4 personnes. Préparation : 10 mn. Cuisson : 1 h

- 1,5 kg de rôti de veau
- 500 g de pruneaux
- 5 dl de vin blanc sec
- 2 cuil. à café d'huile
- sel, poivre

1. La veille, faites tremper les pruneaux dans le vin blanc.

2. Le lendemain, faites chauffer le four, thermostat 7 (230°). Salez modérément et poivrez le rôti. Badigeonnez-le d'huile et déposez-le dans un plat à four. Mettez au four, et laissez cuire 1 h. Durant les quinze premières minutes, retournez la pièce de viande plusieurs fois afin de la faire dorer de tous côtés.

3. Au bout de 30 mn de cuisson, égouttez les pruneaux, disposez-les autour du rôti et arrosez le tout avec le vin.

4. Lorsque la viande est cuite, dressez-la sur un plat de service, entourez-la de pruneaux et arrosez avec le jus de cuisson. Servez chaud.

 ★

Epaule de veau farcie

Pour 6 personnes. Préparation : 20 mn. Cuisson : 1 h 30

- 1,5 kg d'épaule de veau désossée
- 250 g de chair à saucisse
- 1 oignon
- 1 œuf
- 250 g d'épinards hachés congelés
- 1 cuil. à soupe de persil ciselé
- 6 petites carottes nouvelles
- 2 grosses tomates
- 30 g de beurre
- 1,5 dl de bouillon
- sel, poivre

1. Grattez les carottes et lavez-les. Lavez les tomates et coupez-les en deux. Faites décongeler les épinards.

2. Préparez la farce : pelez l'oignon et émincez-le. Mettez dans un saladier la chair à saucisse, l'oignon, l'œuf, le persil et les épinards, mélangez bien le tout. Salez, poivrez.

3. Allumez le four, thermostat 4 (140°). Déposez l'épaule sur un plan de travail et remplissez la cavité laissée par l'ablation de l'os avec la farce. Cousez l'ouverture avec un fil de coton.

4. Déposez l'épaule farcie dans un plat à four et badigeonnez-la de beurre. Entourez la viande de tomates et de carottes. Versez le bouillon et mettez au four pendant 1 h 30. Durant la cuisson arrosez l'épaule et les légumes avec le jus de cuisson.

5. Lorsque la viande est cuite, dressez-la sur un plat de service, enlevez le fil et coupez l'épaule en tranches. Entourez de légumes, arrosez du jus de cuisson et servez aussitôt.

Vous pouvez accompagner ce plat de purée de pois cassés, présentée sur les demi-tomates.

Osso buco

★

Pour 4 personnes. Préparation : 15 mn. Cuisson : 2 h

- *1 kg de jarret de veau coupé en 4 rouelles*
- *1 gros oignon*
- *2 côtes de céleri*
- *400 g de tomates pelées en conserve*
- *2 grosses carottes*
- *25 g de beurre*
- *4 dl de bouillon*
- *2 dl de vin blanc sec*
- *2 cuil. à soupe d'huile*
- *sel, poivre noir fraîchement moulu*

Facultatif :
- *1 zeste de citron râpé*
- *2 cuil. à soupe de persil et basilic ciselés*

1. Pelez l'oignon et émincez-le. Grattez les carottes, lavez-les et coupez-les en fines rondelles. Lavez le céleri et coupez-le en tronçons. Coupez les tomates en deux et éliminez les graines.

2. Faites chauffer l'huile dans une sauteuse et faites-y dorer les 4 morceaux de viande de toutes parts. Réservez-les dans une assiette.

3. Jetez le gras de cuisson de la sauteuse, ajoutez le beurre et faites blondir l'oignon, le céleri et les carottes. Ajoutez-y le vin et le bouillon, mélangez, puis remettez-y la viande. Portez à ébullition. Salez et poivrez. Couvrez et laissez mijoter 1 h 30.

4. 15 mn avant la fin de la cuisson, ajoutez les tomates et terminez la cuisson à découvert afin de faire réduire la sauce.

5. Au moment de servir, rectifiez l'assaisonnement et saupoudrez d'un mélange de zeste de citron, de persil et de basilic ciselés.

Sauté de veau à l'ail et à la ciboulette

Pour 4 personnes. Préparation : 10 mn. Cuisson : 1 h 15

- *1,5 kg d'épaule de veau désossée*
- *2 gousses d'ail*
- *2 cuil. à soupe de ciboulette ciselée*
- *30 g de beurre*
- *1,5 dl de vin blanc*
- *2 cuil. à soupe de vermouth*
- *1 cuil. à soupe de Maïzena*
- *sel, poivre noir*

1. Coupez la viande en cubes de 5 cm de côté. Pelez les gousses d'ail et émincez-les.

2. Faites fondre le beurre dans une sauteuse et faites-y dorer la viande de tous côtés. Lorsqu'elle a pris couleur, ajoutez l'ail, mélangez quelques minutes. Versez le vin blanc et le vermouth. Salez et poivrez. Couvrez et laissez mijoter 45 mn sur feu doux.

3. Au bout de ce temps, retirez la viande de la sauteuse et réservez-la dans une assiette. Laissez la sauteuse sur feu doux, diluez la Maïzena dans 2 cuillerées à soupe d'eau et ajoutez-la au jus de cuisson, mélangez pendant quelques minutes. Lorsque la sauce épaissit, remettez la viande, ajoutez la ciboulette. Mélangez, rectifiez l'assaisonnement, laissez chauffer 5 à 10 mn.

4. Dressez la viande sur un plat de service, nappez de sauce et servez aussitôt.

Escalopes de veau à l'orange

Pour 4 personnes. Préparation et cuisson : 30 mn

- *4 escalopes de veau*
- *40 g de beurre*
- *le jus de 3 grosses oranges*
- *1 orange*
- *le zeste d'une orange*
- *2 cuil. à soupe de vinaigre de vin*
- *2 cuil. à soupe de jus de citron*
- *2 cuil. à soupe de sucre en poudre*
- *2 cuil. à soupe de cognac*
- *sel, poivre noir fraîchement moulu*

1. Parez les escalopes. Salez-les et poivrez-les légèrement. Lavez et coupez l'orange en tranches.

2. Faites fondre le beurre dans une poêle et faites-y dorer les escalopes 3 à 4 mn de chaque côté. Pendant ce temps, faites chauffer le vinaigre avec le sucre dans une casserole, sans tourner, jusqu'à obtenir une belle couleur caramel. Ajoutez-y le zeste et le jus d'orange, le jus de citron, et portez à ébullition. Laissez mijoter sans couvrir 5 mn environ, en tournant de temps en temps. Portez à ébullition tout en tournant.

3. Nappez les escalopes de cette sauce, placez la poêle sur feu doux et laissez mijoter 5 mn en arrosant continuellement la viande de sauce. Faites chauffer le cognac sur une flammèche, faites-le flamber, puis versez-le dans la poêle. Mélangez bien la sauce. Rectifiez l'assaisonnement.

Servez immédiatement en disposant une rondelle d'orange sur chaque escalope et garnissez le plat de cresson.

★★

Gigot d'agneau farci

Pour 6 personnes. Préparation et cuisson : 2 h. Marinade : 4 h

- 1 gigot d'agneau
  de 2 kg désossé
- 200 g de pruneaux
  trempés 2 à 3 h
  dans de l'eau froide
- 1,5 kg de courgettes
- 50 g de beurre
- 5 cuil. à soupe d'huile
- 75 g de chapelure
- 1 petit oignon
- 1 pomme golden
  ou granny smith
- 1 œuf
- 1,5 dl de vin blanc sec
- 1 cuil. à café
  de romarin séché
- sel, poivre noir
  fraîchement moulu

Facultatif :
- quelques branches
  de romarin frais

1. Pelez l'oignon et émincez-le. Egouttez les pruneaux, dénoyautez-les et coupez-en la moitié grossièrement en petits morceaux. Pelez la pomme, ôtez-en le cœur et les pépins et coupez-la en petits cubes.

2. Préparez la farce : faites fondre 25 g de beurre dans une poêle et faites-y blondir l'oignon. Ajoutez-y les pruneaux coupés en petits morceaux, la pomme, la chapelure et le romarin. Retirez du feu. Salez, poivrez à volonté. Jetez-y l'œuf et mélangez bien.

3. Garnissez de cette farce la cavité laissée dans la viande par l'ablation de l'os. Refermez les 2 extrémités en vous servant d'une aiguille et de ficelle de cuisine. Mettez le gigot dans une grande terrine, versez-y le vin. Laissez mariner 4 h. Tournez la viande de temps en temps.

4. Une fois le temps de la marinade écoulé, allumez le four, thermostat 6 (200°). Retirez la viande de la marinade, essuyez-la et badigeonnez-la du restant de beurre. Mettez-la dans un plat allant au four et laissez cuire au four 30 mn environ. Durant la cuisson, arrosez de temps en temps la viande avec la marinade. Recouvrez-la de papier d'aluminium au bout de 30 mn et laissez cuire encore 1 h.

5. Pendant ce temps, faites cuire le restant de pruneaux 20 à 25 mn dans de l'eau bouillante. Egouttez-les. Coupez les courgettes en deux dans le sens de la longueur, sans les éplucher, puis chaque moitié en trois ou quatre tronçons. Faites-les cuire 15 mn dans de l'eau bouillante salée. Egouttez-les.

6. Quand la viande est cuite, retirez la ficelle du gigot et réservez-le dans un plat de service au chaud. Déglacez le plat de cuisson avec 2 cuillerées à soupe de marinade. Mélangez pour détacher les sucs de cuisson. Nappez la viande de sauce et servez. Garnissez ce plat de courgettes, de pruneaux et de brins de romarin frais.

Côtelettes d'agneau en pâte ★★

Pour 4 personnes. Préparation : 25 mn. Cuisson : 30 mn

- *4 côtelettes d'agneau*
- *250 g de pâte feuilletée*
- *quelques feuilles de laitue*
- *1 botte de cresson*
- *35 g de beurre*
- *1 jaune d'œuf*
- *1 cuil. à café de curry*
- *moutarde*
- *sel, poivre noir fraîchement moulu*

1. Faites fondre 25 g de beurre dans une poêle sur feu très doux et versez-le dans un bol. Ajoutez-y le curry, salez et poivrez à volonté. Mélangez bien. Badigeonnez de ce mélange les deux faces des côtelettes et réservez-les dans une assiette.

2. Abaissez la pâte au rouleau sur un plan de travail fariné et formez une bande de 20 à 25 cm de hauteur, puis coupez la pâte au couteau en 8 bandes égales de 2,5 cm de large.

3. Allumez le four, thermostat 8 (250°). Lavez quelques feuilles de laitue, le cresson et séchez-les dans un torchon. Enroulez les bandes de pâte autour de chaque côtelette, badigeonnez-les d'œuf.

4. Beurrez un plat allant au four et disposez-y les côtelettes. Laissez cuire au four pendant 10 mn. Réduisez ensuite la chaleur du four, thermostat 4 (140°) et laissez cuire encore 20 mn environ, jusqu'à ce que la pâte soit gonflée et bien dorée.

5. Tapissez le plat de service de feuilles de laitue sur lesquelles vous disposez harmonieusement les côtelettes toutes chaudes. Garnissez de cresson et servez avec de la moutarde.

Agneau printanier

★★

Pour 6 personnes. Préparation et cuisson : 2 h 40

- 6 tranches de collier
  d'agneau (900 g)
- 2 tomates mûres
- 4 oignons
- 2 poireaux
- 4 carottes
- 3 dl de bouillon
  de viande
- 1 feuille de laurier
- 25 g de beurre
- farine, sel, poivre

Pour les galettes :
- 200 g de farine
- 1 sachet de levure
- 50 g de beurre mou
- 1 œuf
- 4 cuil. à soupe de lait
- sel

1. Lavez les tomates, plongez-les 10 secondes dans l'eau bouillante, rafraîchissez-les, pelez-les, coupez-les en quartiers et épépinez-les. Pelez les oignons et émincez-les. Lavez les poireaux soigneusement et coupez-les en petits tronçons. Epluchez les carottes et coupez-les en rondelles.

2. Faites chauffer le beurre dans une cocotte allant au four et faites-y dorer la viande, sur feu moyen. Saupoudrez la viande de 2 cuillerées à soupe de farine. Laissez cuire jusqu'à ce que la farine soit bien dorée. Ajoutez les quartiers de tomates et le bouillon. Portez à ébullition. Mettez-y ensuite les oignons, les poireaux, les carottes et la feuille de laurier. Salez et poivrez. Mélangez. Laissez mijoter pendant 2 h.

3. Pendant ce temps, versez les 200 g de farine dans un bol. Ajoutez-y la levure, une pincée de sel et le beurre. Travaillez avec les doigts jusqu'à ce que la farine soit bien incorporée. Ajoutez-y l'œuf, puis progressivement le lait en mélangeant régulièrement. Vous devez obtenir une pâte lisse et souple. Abaissez la pâte au rouleau sur une épaisseur de 1,5 cm. Avec un verre retourné, découpez des cercles de 5 cm environ de diamètre.

4. Une fois la cuisson de la viande terminée, groupez la viande au milieu de la cocotte et disposez sur les bords de celle-ci les petites galettes en les faisant se chevaucher.

5. Laissez cuire au four 10 à 15 mn jusqu'à ce que les galettes soient gonflées, bien dorées et bien fermes. Servez dans le plat de cuisson.

Croquettes d'agneau

★

Pour 4 personnes. Préparation et cuisson : 1 h

- 800 g de poitrine
  d'agneau désossée
- 1 citron coupé en 4
- 1 cuil. à soupe de persil
  plat ciselé
- 1 œuf
- 4 cuil. à soupe d'huile
- 4 cuil. à soupe
  de chapelure
- 6 cuil. à soupe
  de mayonnaise
- 2 cuil. à café de câpres
- sel, poivre noir

1. Placez une casserole contenant 1 litre d'eau sur feu moyen. Salez, poivrez. Mettez-y la viande et portez à ébullition. Couvrez et laissez mijoter 15 mn.

2. Egouttez la viande et laissez-la refroidir. Coupez-la ensuite en tranches très fines. Cassez un œuf dans un bol et battez-le à la fourchette ; versez la chapelure dans une assiette. Passez la viande des deux côtés dans l'œuf, puis dans la chapelure.

3. Faites chauffer l'huile dans une poêle sur feu vif. Lorsqu'elle est bien chaude, faites-y dorer les morceaux de viande. Retournez-les avec une spatule. Réservez-les au fur et à mesure sur du papier absorbant et tenez-les au chaud.

4. Mélangez dans un bol la mayonnaise, les câpres et le persil. Salez et poivrez.

5. Disposez les croquettes de viande dans un plat de service, garnissez-les de quartiers de citron et servez chaud en même temps que la sauce mayonnaise.

Côtes d'agneau en sauce piquante

★

Pour 4 personnes. Préparation : 15 mn. Cuisson : 1 h 10

- 4 côtes premières
  d'agneau
- 2 gros oignons
- 2 citrons
- 1 kg de tomates mûres
- 2 cuil. à café de poudre
  de piment « Chili
  powder »
- 2 cuil. à soupe d'huile
- 1 gousse d'ail
- 10 g de beurre
- sel, poivre noir

1. Pelez l'ail. Pelez les oignons et émincez-les. Lavez un citron, coupez-le en fines rondelles. Lavez les tomates, coupez-les en morceaux et passez-les au moulin à légumes, grille fine. Réservez-en le jus.

2. Faites chauffer l'huile dans une sauteuse, ajoutez-y les oignons et faites-les revenir jusqu'à ce qu'ils soient blonds, puis poudrez-les de piment, mélangez, ajoutez la gousse d'ail et le jus de tomate. Faites cuire 15 à 20 mn, jusqu'à ce que la sauce réduise de moitié. Salez, poivrez.

3. Allumez le four, thermostat 6 (200°). Beurrez un plat à four. Salez et poivrez légèrement les côtes d'agneau et mettez-les dans le plat. Placez sur chaque côte une rondelle de citron. Nappez la viande de sauce et laissez cuire au four 45 mn.

4. Servez très chaud avec 1 citron coupé en quatre.

Agneau gratiné aux haricots rouges ★★

Pour 6 personnes. Préparation : 15 mn. Cuisson : 1 h 30

- *1 kg d'agneau*
- *500 g de haricots rouges en conserve*
- *3 grosses tomates mûres*
- *2 oignons*
- *1 gousse d'ail*
- *2 grosses carottes*
- *20 g de beurre*
- *2 dl de vin blanc sec*
- *25 g d'emmenthal râpé*
- *25 g de chapelure*
- *sel, poivre noir fraîchement moulu*

1. Pelez les oignons et émincez-les. Pelez l'ail et hachez-le menu. Epluchez les carottes et coupez-les en fines rondelles. Lavez les tomates, plongez-les 10 secondes dans l'eau bouillante, rafraîchissez-les, pelez-les, coupez-les en quartiers et épépinez-les.

2. Parez la viande et coupez-la en tranches fines. Faites fondre le beurre dans une cocotte sur feu doux et faites-y dorer les morceaux de viande. Réservez-les dans une assiette. Retirez le gras de cuisson, conservez une cuillerée à soupe de jus de cuisson dans la cocotte et jetez-y l'ail, l'oignon et les carottes. Laissez-les cuire 4 à 5 mn en remuant constamment. Ajoutez progressivement le vin. Portez à ébullition. Ajoutez ensuite les tomates. Salez, poivrez à volonté. Mettez la viande dans la cocotte. Couvrez. Laissez mijoter à feu doux pendant 30 mn.

3. Au bout de 30 mn de cuisson, égouttez les haricots et mettez-les dans la cocotte. Laissez cuire 40 mn encore.

4. Au bout de ce temps, allumez le gril du four. Rectifiez l'assaisonnement. Versez le tout dans un moule à gratin. Saupoudrez de fromage et de chapelure. Faites dorer au gril, puis servez.

★

Côtes d'agneau sauce au vin

Pour 4 personnes. Préparation et cuisson : 1 h

- *4 côtes d'agneau*
- *100 g de petits champignons de Paris*
- *1 ou 2 gousses d'ail*
- *1 botte de cresson*
- *1 pain de mie coupé en tranches*
- *2 dl de bouillon*
- *100 g de beurre*
- *1 cuil. à café de concentré de tomate*
- *1,5 dl de vin rouge*
- *sel, poivre noir fraîchement moulu*

Facultatif :
- *2 cuil. à café de Maïzena*

1. Pelez l'ail et hachez-le menu. Coupez le pied terreux des champignons, lavez-les, égouttez-les et essuyez-les. Lavez le cresson et séchez-le dans un torchon.

2. Faites fondre 25 g de beurre dans une poêle. Salez et poivrez largement la viande, mettez-la dans la poêle et laissez-la cuire sur feu doux 8 à 10 mn. Retournez-la et laissez-la cuire 8 à 10 mn encore.

3. Faites fondre 25 g de beurre dans une petite casserole et faites-y dorer l'ail 30 secondes. Ajoutez-y les champignons, mélangez, laissez mijoter 2 ou 3 mn. Versez progressivement dans la casserole le vin, le concentré de tomate et le bouillon. Salez, poivrez, portez à ébullition. Faites réduire la sauce en laissant cuire sur feu doux, sans couvrir, pendant 10 à 15 mn, en mélangeant de temps en temps.

4. Retirez l'agneau de la poêle et dressez-le sur un plat de service. Réservez-le au chaud. Epaississez la sauce avec la Maïzena délayée dans 3 cuillerées à soupe d'eau froide. Mélangez, portez à ébullition et laissez bouillir 2 mn en tournant sans arrêt.

5. Préparez les croûtons : partagez en deux dans le biais les tranches de pain de mie. Faites fondre le restant de beurre dans une poêle et faites-y revenir les croûtons des deux côtés. Posez-les au fur et à mesure sur du papier absorbant et salez-les pendant qu'ils sont chauds.

6. Nappez la viande de sauce bien chaude. Garnissez de cresson et de croûtons.

Pâtés d'oignons farcis

Pour 4 personnes. Préparation et cuisson : 2 h

- *4 oignons moyens de même grosseur*
- *10 g de beurre*
- *sel, poivre noir fraîchement moulu*
- *1 cuil. à café de gros sel*

Pour la farce :
- *250 g d'agneau cuit*
- *50 g de champignons de Paris*
- *1 gousse d'ail*
- *2 tranches de lard de poitrine*
- *50 g de riz cuit à l'eau*
- *8 olives farcies*
- *25 g de beurre*
- *sel, poivre*

Pour la pâte :
- *300 g de farine*
- *150 g de beurre*
- *1 jaune d'œuf*
- *sel*

1. Epluchez les oignons. Faites chauffer dans un faitout 1 litre d'eau salée. Portez à ébullition et faites-y blanchir les oignons pendant 10 mn.

2. Pendant ce temps, coupez le pied terreux des champignons, lavez-les, coupez-les en lamelles, égouttez-les et essuyez-les soigneusement. Pelez l'ail et hachez-le menu. Retirez la couenne du lard et coupez-le en fins bâtonnets. Coupez les olives en lamelles. Hachez la viande au hachoir grille fine.

3. Lorsque les oignons sont cuits, égouttez-les et laissez-les refroidir. Préparez la farce : faites fondre le beurre dans une poêle et faites-y dorer pendant 5 mn les champignons, l'ail et les lardons en remuant avec une spatule. Jetez-y la viande, les olives et le riz. Salez, poivrez largement. Mélangez et laissez refroidir.

4. Préparez la pâte : versez la farine dans un bol avec une pincée de sel. Ajoutez-y le beurre et travaillez bien avec les doigts jusqu'à ce que la farine soit bien incorporée. Versez progressivement dans le bol 1 dl d'eau froide en mélangeant à la cuillère de bois jusqu'à ce que la pâte devienne lisse et souple. Mettez-la en boule et laissez-la reposer.

5. Préparez les oignons : retirez avec précaution l'intérieur en ne laissant subsister au fond et sur les côtés que 1 cm d'épaisseur. Remplissez les oignons de farce.

6. Allumez le four, thermostat 6 (200°). Abaissez la pâte au rouleau sur un plan de travail fariné. Découpez-y 4 cercles de 20 cm environ de diamètre. Placez les oignons — orifice dessous — sur les ronds de pâte. Mouillez-en le pourtour et enfermez complètement chaque oignon dans un cercle de pâte, que vous soudez entre le pouce et l'index. Beurrez un moule à gratin et disposez-y les pâtés. Avec le restant de pâte, formez de petites feuilles avec lesquelles vous décorez le dessus des pâtés. Badigeonnez-les d'œuf.

7. Mettez au four 20 mn. Réduisez ensuite la chaleur du four, thermostat 3 (110°), et laissez cuire encore pendant 1 h. Servez chaud.

Côtelettes à la chinoise

Pour 4 personnes. Préparation et cuisson : 45 mn

- *4 côtelettes d'agneau*
- *1 oignon*
- *1 poivron vert*
- *175 g de champignons de Paris*
- *500 g de germes de soja frais*
- *25 g de beurre*
- *4 œufs*
- *1 cuil. à soupe de sauce de soja*
- *1 cuil. à soupe d'huile*
- *1 cuil. à soupe de xérès*
- *sel, poivre noir fraîchement moulu*

1. Pelez l'oignon et émincez-le. Lavez le poivron, ôtez-en les graines et coupez-le en fines rondelles. Coupez le pied terreux des champignons, lavez-les, coupez-les en fines lamelles, égouttez-les et essuyez-les. Lavez le soja et égouttez-le.

2. Allumez le gril du four. Salez et poivrez les côtelettes et faites-les griller 8 mn de chaque côté. Pendant ce temps, faites chauffer l'huile sur feu doux dans une sauteuse et faites-y revenir l'oignon et le poivron. Ajoutez-y les champignons et le soja. Versez le xérès et la sauce de soja. Faites cuire 5 mn en mélangeant avec une spatule.

3. Battez les œufs à la fourchette, salez, poivrez. Ajoutez-y 2 cuillerées à soupe d'eau froide. Faites fondre le beurre dans une poêle et faites successivement 2 omelettes. Coupez chacune des omelettes en deux.

4. Mettez le contenu de la sauteuse dans un plat de service bien chaud. Placez au-dessus les côtelettes grillées. Roulez les 4 morceaux d'omelette et posez chacun d'eux sur une côtelette. Servez chaud.

Agneau bouilli sauce à l'aneth

Pour 6 personnes. Préparation et cuisson : 1 h 45

- *1,250 kg de carré d'agneau*
- *1 feuille de laurier*
- *quelques brins d'aneth*
- *sel, poivre noir fraîchement moulu*

Pour la sauce :
- *50 g de beurre*
- *50 g de farine*
- *1 jaune d'œuf*
- *2 cuil. à soupe de vinaigre de vin*
- *1 cuil. à soupe de jus de citron*
- *2 cuil. à café de sucre cristallisé*
- *2 cuil. à soupe d'aneth en poudre ou ciselé*
- *2 cuil. à soupe de crème fraîche*

1. Parez la pièce d'agneau et mettez-la dans une cocotte. Salez, poivrez. Ajoutez-y la feuille de laurier et les brins d'aneth. Versez-y 1,5 litre d'eau froide. Placez la cocotte sur feu vif et portez à ébullition. Retirez au fur et à mesure l'écume qui se forme à la surface. Couvrez et laissez mijoter sur feu doux de 1 h 15 à 1 h 30.

2. Au bout de ce temps, égouttez la viande et conservez 6 dl de l'eau de cuisson. Dressez la viande dans un plat de service au chaud.

3. Préparez la sauce : faites fondre le beurre dans une casserole. Versez-y la farine en mélangeant bien et faites cuire 1 mn. Ajoutez progressivement l'eau de cuisson et portez à ébullition. Laissez bouillir 2 mn en mélangeant sans arrêt. Retirez la casserole du feu. Ajoutez-y le vinaigre, le jus de citron, le sucre et la moitié de l'aneth. Mélangez. Battez le jaune d'œuf et la crème et incorporez-les à la sauce. Replacez la casserole sur feu doux, mais sans porter à ébullition. Rectifiez l'assaisonnement.

4. Nappez la viande de sauce et poudrez-la avec le restant d'aneth. Servez aussitôt.

Vous pouvez, si vous le désirez, garnir ce plat de brins de persil et également remplacer l'aneth par des câpres.

Agneau rôti au fenouil ★

Pour 6 personnes. Préparation : 10 mn. Cuisson : 1 h 45

- 1,5 kg de carré d'agneau
- 2 bulbes de fenouil
- 1 oignon
- 3 dl de bouillon
- 1 cuil. à café de zeste de citron
- 1 cuil. à café de jus de citron
- 30 g de beurre
- 1 cuil. à café de Maïzena
- sel, poivre noir

1. Allumez le four, thermostat 5 (170°). Pelez l'oignon et émincez-le. Supprimez toutes les feuilles dures du fenouil. Lavez-le et séchez-le. Coupez-le en lamelles.

2. Faites fondre le beurre dans une cocotte et faites-y dorer la viande de tous côtés. Disposez autour de la viande le fenouil et l'oignon. Ajoutez-y le zeste et le jus de citron ainsi que le bouillon. Salez, poivrez. Couvrez. Laissez cuire au four 1 h 30.

3. Au bout de ce temps, dressez la viande dans un plat de service, et tenez-le au chaud. Passez la sauce et remettez-la dans la cocotte, sur feu doux. Ajoutez les légumes autour de la viande.

4. Epaississez la sauce avec la Maïzena diluée dans 3 cuillerées à soupe d'eau froide. Laissez cuire à feu doux en mélangeant pendant 2 mn.

5. Versez la sauce en saucière et portez à table avec la viande que vous découpez devant les convives.

Côtelettes d'agneau aux champignons ★

Pour 4 personnes. Préparation et cuisson : 30 mn

- 8 côtelettes d'agneau
- 200 g de champignons de Paris
- 8 petits cornichons
- 25 g de beurre
- 3 cuil. à soupe de câpres
- 1 cuil. à soupe de vinaigre de vin
- sel, poivre noir

1. Coupez le pied terreux des champignons, lavez-les, coupez-les en lamelles, égouttez-les et essuyez-les soigneusement. Coupez les cornichons en rondelles.

2. Allumez le gril du four. Parez les côtelettes. Salez-les et poivrez-les largement. Faites-les griller sur feu moyen 10 mn de chaque côté.

3. Pendant ce temps, faites fondre le beurre dans une poêle et faites-y dorer les champignons. Ajoutez-y les câpres, les cornichons, le vinaigre. Salez, poivrez et laissez mijoter sur feu doux 5 mn. Rectifiez l'assaisonnement.

4. Dressez les côtelettes dans un plat de service bien chaud. Recouvrez-les du mélange champignons, câpres, cornichons, et servez aussitôt.

Vous pouvez garnir ce plat de tranches de tomates et de brins de persil.

Petits pâtés à la menthe ★★

Pour 4 personnes. Préparation et cuisson : 1 h 10

- 180 g de viande d'agneau cuite
- 100 g de pommes de terre
- 1 petit oignon
- 1 jaune d'œuf
- 10 g de beurre
- 2 cuil. à café de menthe fraîche ciselée
- sel, poivre noir fraîchement moulu

Pour la pâte :
- 200 g de farine
- 100 g de beurre mou
- sel

1. Préparez la pâte : mettez la farine dans une terrine avec une pincée de sel. Au centre, mettez le beurre en parcelles. Travaillez la farine et le beurre avec les doigts, puis versez progressivement environ 1 dl d'eau froide jusqu'à ce que la pâte soit souple. Ramassez-la en boule, et laissez-la reposer 30 mn.

2. Pendant ce temps, lavez les pommes de terre et faites-les cuire 10 mn dans de l'eau bouillante légèrement salée.

3. Coupez la viande en petits dés. Egouttez les pommes de terre, épluchez-les et coupez-les en petits cubes. Pelez l'oignon et émincez-le. Mélangez le tout dans une terrine. Ajoutez-y la menthe. Salez, poivrez. Mélangez.

4. Allumez le four, thermostat 7 (230°). Etalez la pâte au rouleau sur un plan de travail fariné. Découpez-y 4 cercles de 18 cm de diamètre. Partagez le mélange de viande, d'oignon et de menthe en quatre, mettez chacune de ces parts au centre de chaque cercle. Mouillez-en le pourtour, ramenez la pâte vers le haut et soudez-la entre le pouce et l'index.

5. Beurrez légèrement la plaque du four et placez-y les pâtés. Badigeonnez-les d'œuf et laissez-les cuire au four 15 mn.

6. Réduisez ensuite la chaleur du four, thermostat 4 (140°), et laissez cuire 15 à 20 mn encore jusqu'à ce que les pâtés soient bien dorés.

Ragoût d'agneau aux pommes de terre

Pour 4 personnes. Préparation : 20 mn. Cuisson : 2 h 20

- *1 kg d'épaule d'agneau*
- *500 g de pommes de terre rouges*
- *2 oignons moyens*
- *2 carottes*
- *1 petit navet*
- *3 dl de bouillon*
- *sel, poivre noir fraîchement moulu*

1. Allumez le four, thermostat 3 (110°). Coupez la viande en cubes de 2 × 2 cm. Pelez les oignons et émincez-les. Epluchez les carottes et coupez-les en fines rondelles. Epluchez le navet, lavez-le et coupez-le en dés. Epluchez les pommes de terre en les mettant au fur et à mesure dans un saladier rempli d'eau froide pour éviter qu'elles ne s'oxydent. Coupez-les en fines rondelles.

2. Mettez les cubes de viande dans une cocotte allant au four. Ajoutez-y les oignons, les carottes et le navet. Salez et poivrez abondamment. Versez-y le bouillon. Couvrez le tout de rondelles de pommes de terre en les disposant en cercles superposés. Couvrez. Laissez cuire au four 2 h environ.

3. Au bout de 2 h de cuisson, ôtez le couvercle de la cocotte. Augmentez la chaleur du four, thermostat 6 (200°), et laissez cuire encore pendant 20 mn afin que les pommes de terre roussissent bien. Servez chaud dans le plat de cuisson.

Si vous avez de la menthe fraîche, vous pouvez en mettre 2 ou 3 brindilles dans la cocotte en même temps que les oignons.

Agneau à l'orientale

Pour 6 personnes. Préparation : 10 mn. Cuisson : 2 h

- 1,5 kg de collier coupé en morceaux
- 2 oignons
- 25 g de beurre
- 2 dl de bouillon
- 1 cuil. à soupe de coriandre ciselée
- 1 pincée de safran
- 1/2 cuil. à café de cumin en poudre
- 1/2 cuil. à café de curry
- 1/4 de cuil. à café de cannelle
- 1/4 de cuil. à café de piment « Chili powder »
- 1 gousse d'ail
- sel, poivre noir

1. Pelez les oignons et émincez-les. Pelez la gousse d'ail et hachez-la menu.

2. Faites fondre le beurre dans une sauteuse et faites-y dorer les oignons et l'ail. Ajoutez-y le mélange d'épices et laissez cuire 5 mn en remuant fréquemment. Jetez-y les morceaux de viande et laissez cuire sur feu doux pendant 10 mn en tournant souvent. Versez-y ensuite le bouillon et portez à ébullition. Salez, poivrez. Couvrez et laissez mijoter 1 h 30 environ.

3. Au bout de ce temps, rectifiez l'assaisonnement. Dressez la viande sur un plat de service. Si la sauce est trop liquide, faites-la réduire à feu vif pendant quelques minutes, avant de la verser sur les morceaux de viande. Portez à table aussitôt.

Vous pouvez accompagner ce plat de riz cuit à l'eau et, si vous le désirez, de tranches de tomates, de cacahuètes salées et de rondelles de bananes.

Côtelettes d'agneau à l'espagnole

★

Pour 4 personnes. Préparation : 10 mn. Cuisson : 1 h

- 4 côtelettes dans le filet
- 1 gros oignon
- 1 gousse d'ail
- 1 poivron rouge
- 100 g de petits pois congelés
- 150 g de riz long
- 2,5 dl de bouillon
- 1/2 cuil. à café de safran
- 25 g de beurre
- sel, poivre noir fraîchement moulu

1. Pelez l'oignon et émincez-le. Pelez la gousse d'ail et hachez-la menu. Lavez le poivron, ôtez-en les graines et coupez-le en fines lamelles. Lavez le riz et égouttez-le.

2. Faites chauffer le beurre dans une poêle et faites-y dorer les côtelettes des deux côtés. Réservez-les dans une assiette.

3. Faites revenir dans la même poêle et sur feu doux l'oignon, l'ail et le poivron. Laissez cuire 10 mn en remuant fréquemment. Ajoutez-y le riz, mélangez et laissez cuire encore 2 mn. Ajoutez dans la poêle le bouillon, le safran, salez, poivrez et portez à ébullition. Remettez les côtelettes dans la poêle. Couvrez. Laissez mijoter 20 mn.

4. Au bout de 20 mn de cuisson, retournez les côtelettes. Ajoutez les petits pois dans la poêle. Couvrez à nouveau et laissez mijoter 15 mn encore. En fin de cuisson, le liquide doit être complètement absorbé.

5. Rectifiez l'assaisonnement et servez immédiatement.

Paupiettes d'agneau

★★

Pour 4-5 personnes. Préparation et cuisson : 1 h

- 1 kg de poitrine d'agneau désossée
- 50 g de riz long
- 2 oignons moyens
- 12 brins de persil
- 2 dl de bouillon
- 50 g de raisins secs
- 60 g de beurre
- 40 g de farine
- 1 cuil. à café rase de brindilles de thym
- 1,5 dl de vin blanc
- 1 cuil. à soupe d'huile
- sel, poivre noir fraîchement moulu

1. Lavez le riz à l'eau froide dans un saladier et égouttez-le. Mettez dans une petite marmite 1,5 dl d'eau froide, 1 cuillerée à soupe d'huile et une pincée de gros sel. Portez à ébullition. Jetez-y le riz et laissez cuire sur feu vif sans couvrir. Dès que l'eau est absorbée, mélangez le riz, couvrez la marmite et placez-la sur une plaque d'amiante. Laissez cuire 15 mn sur feu très doux.

2. Préparez la farce : pelez un oignon et émincez-le. Faites fondre 25 g de beurre dans une poêle et faites-y blondir l'oignon sur feu doux. Ajoutez-y le riz, les raisins secs, 1/2 cuillerée à café de thym sec. Salez, poivrez largement. Mélangez bien.

3. Allumez le four, thermostat 7 (230°). Coupez la viande en quatre tranches. Salez, poivrez légèrement. Etalez les tranches de viande sur une planche, côté gras au-dessous. Posez sur chacune d'elles le quart de la farce en l'étalant jusqu'à 1 cm des bords. Enroulez la viande sur elle-même et fixez avec de petits bâtonnets de bois.

4. Beurrez un plat à four avec 10 g de beurre, placez-y les morceaux de viande farcie et laissez cuire au four 30 mn. Arrosez-les à plusieurs reprises avec le jus de cuisson.

5. Préparez la sauce : pelez le deuxième oignon et émincez-le. Faites fondre le reste de beurre dans une poêle. Faites-y revenir l'oignon. Ajoutez-y la farine en mélangeant et laissez cuire 1 mn. Versez-y progressivement le bouillon, le vin et portez à ébullition sans cesser de tourner. Laissez bouillir 2 mn. Ajoutez ensuite le reste de thym, sel et poivre.

6. Dressez les morceaux d'agneau farcis dans un plat de service. Décorez de brins de persil. Servez chaud en même temps que la sauce.

Côtelettes d'agneau au miel

★

Pour 2 personnes. Préparation et cuisson : 30 mn

- 4 côtes premières
- 1 citron
- 15 g de beurre
- 1 cuil. à soupe de menthe fraîche hachée
- 2 cuil. à soupe de miel
- sel, poivre noir

1. Faites chauffer le gril du four. Salez et poivrez les côtelettes et disposez-les sur la grille au-dessus de la lèchefrite. Faites-les cuire 5 mn de chaque côté.

2. Pendant ce temps, lavez et essuyez le citron. Râpez-en 1/2 cuillerée à café de zeste. Mélangez la menthe, le beurre, le miel et le zeste de citron. Recouvrez-en les côtelettes et laissez cuire 3 à 5 mn encore de chaque côté, selon que vous aimez la viande à point ou plus cuite. Coupez le citron en rondelles.

3. Dressez les côtelettes dans un plat de service, arrosez-les du jus de cuisson, décorez avec quelques rondelles de citron et servez aussitôt.

Moussaka

★

Pour 6 personnes. Préparation et cuisson : 2 h

- 500 g de viande d'agneau maigre hachée
- 3 belles aubergines
- 2 gros oignons
- 4 grosses tomates mûres
- 2 œufs
- 100 g d'emmenthal râpé
- 1 dl d'huile
- 10 g de beurre
- 6 cuil. à soupe de crème fraîche
- sel, poivre

1. Lavez les aubergines et séchez-les. Coupez-les en rondelles et salez-les légèrement. Réservez-les 30 mn dans une terrine. Pendant ce temps, pelez les oignons et émincez-les. Lavez les tomates, plongez-les 10 secondes dans l'eau bouillante, rafraîchissez-les, pelez-les et épépinez-les.

2. Au bout de 30 mn, rincez les rondelles d'aubergine à l'eau froide. Egouttez-les et posez-les sur du papier absorbant.

3. Faites chauffer l'huile dans une poêle et faites-y blondir les aubergines. Retirez-les avec une écumoire et égouttez-les sur du papier absorbant.

4. Allumez le four, thermostat 4 (140°). Faites dorer les oignons dans l'huile restée dans la poêle. Mettez-y ensuite la viande hachée et laissez cuire sur feu doux 10 mn en remuant fréquemment. Ajoutez-y les tomates. Salez, poivrez largement. Couvrez et laissez mijoter encore 5 mn.

5. Beurrez un plat à gratin à bord haut avec 10 g de beurre, rangez-y une couche d'aubergines, recouvrez-les de la viande en sauce et continuez jusqu'à épuisement des ingrédients. Mettez au four, sans couvrir, pendant 45 mn.

6. Au bout de ce temps, cassez les œufs dans un bol, versez-y le fromage râpé et la crème fraîche. Battez le tout à la fourchette. Salez, poivrez largement. Versez ce mélange sur la viande

7. Remettez la cocotte au four et laissez cuire encore 25 à 30 mn. Le dessus de la moussaka doit être bien ferme et légèrement doré. Servez très chaud.

 ★★

Agneau farci aux abricots

Pour 6 personnes. Trempage : 12 h. Préparation et cuisson : 2 h 30

- *1,250 kg d'épaule d'agneau désossée*
- *100 g d'abricots secs*
- *50 g de riz long*
- *1 oignon moyen*
- *40 g de beurre*
- *1 dl de bouillon*
- *2 cuil. à soupe de persil plat ciselé*
- *1 bonne pincée de quatre-épices*
- *1 cuil. à café d'huile*
- *le zeste de 1/2 citron*
- *1 œuf*
- *1 cuil. à café de Maïzena*
- *sel, poivre noir fraîchement moulu*

1. La veille, mettez les abricots dans une terrine et couvrez largement d'eau.

2. Le lendemain, lavez le riz à l'eau froide dans un saladier et égouttez-le. Mettez dans une petite casserole 1,5 dl d'eau froide, 1 cuillerée à café d'huile et une pincée de gros sel. Portez à ébullition, jetez-y le riz et laissez cuire sur feu moyen sans couvrir. Dès que l'eau est absorbée, mélangez le riz, couvrez la casserole et placez-la sur une plaque d'amiante. Laissez cuire sur feu doux 10 à 15 mn.

3. Faites cuire les abricots 10 mn dans l'eau dans laquelle vous les avez fait tremper.

4. Pelez l'oignon et émincez-le. Egouttez les abricots et hachez-les. Conservez 1 dl d'eau de cuisson. Faites fondre 15 g de beurre dans une poêle et faites-y revenir l'oignon sur feu doux. Retirez la poêle du feu et mettez-y le zeste de citron, le persil, les épices, le riz et les abricots. Salez, poivrez. Mélangez bien. Liez avec l'œuf.

5. Allumez le four, thermostat 7 (230°). Placez la viande sur une planche, côté gras au-dessous. Disposez bien à plat la farce sur la viande. Roulez celle-ci sur elle-même en prenant bien soin que la farce reste bien à l'intérieur et ficelez la viande. Beurrez un plat à four avec 10 g de beurre. Mettez-y la viande et laissez cuire au four 2 h environ. Pendant la cuisson, arrosez fréquemment la viande avec le jus de cuisson.

6. Pendant ce temps, préparez la sauce : faites fondre le restant du beurre dans la poêle qui vous a servi à préparer la farce. Ajoutez-y l'eau de cuisson des abricots, le bouillon, salez et poivrez. Mélangez. Ajoutez-y la Maïzena délayée dans 3 cuillerées à soupe d'eau froide. Mélangez. Portez à ébullition en tournant.

7. Lorsque la viande est cuite, dressez-la dans un plat de service et nappez-la de cette sauce. Servez chaud.

Côtes de porc au cidre ★

Pour 4 personnes. Préparation : 10 mn. Cuisson : 35 mn

- *4 côtes secondes désossées de 180 g chacune*
- *200 g de petits champignons de Paris*
- *40 g de beurre*
- *2 cuil. à soupe de farine*
- *1 dl de crème fraîche épaisse*
- *3 dl de cidre brut*
- *sel, poivre noir fraîchement moulu*

1. Coupez le pied terreux des champignons, lavez-les, coupez-les en fines lamelles, égouttez-les et essuyez-les. Mettez la farine dans une assiette et passez les tranches de viande dans la farine, des deux côtés.

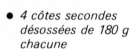

2. Faites chauffer le beurre dans une poêle et faites-y cuire la viande 8 mn de chaque côté. Réservez-la ensuite dans un plat.

3. Mettez les champignons dans la même poêle et laissez cuire à feu vif 5 à 6 mn, en les remuant régulièrement, jusqu'à ce qu'ils ne rendent plus d'eau. Ajoutez progressivement le cidre dans la poêle et portez à ébullition. Mélangez. Ajoutez enfin la crème fraîche. Salez, poivrez, et faites cuire jusqu'à ce que la sauce épaississe et réduise de moitié.

4. Remettez les côtes quelques minutes dans la poêle, puis dressez-les sur un plat de service et nappez-les de sauce.

Saupoudrez ce plat de persil haché menu ou garnissez-le de brins de persil.

Rôti de porc farci

★★

Pour 6 personnes. Préparation : 20 mn. Cuisson : 1 h 35

- 1,5 kg de rôti de porc dans le filet, désossé
- 6 fines tranches de lard de poitrine fumé
- 40 g de chapelure
- 1 jaune d'œuf
- 1 cuil. à café de sauge séchée
- 1 cuil. à soupe d'huile
- 2 cuil. à soupe de vermouth blanc
- sel, poivre noir fraîchement moulu

1. Allumez le four, thermostat 5 (170°). Otez la couenne du lard. Mélangez la poudre de sauge, la chapelure et le jaune d'œuf dans une terrine.

2. Etalez la viande sur une planche, côté gras au-dessous, et pratiquez de légères incisions dans la viande de part en part. Salez, poivrez légèrement. Disposez les tranches de lard sur la viande à 1 cm des bords, puis recouvrez le lard du mélange de sauge, chapelure et œuf. Enroulez la viande sur elle-même et ficelez-la. Mettez-la dans un plat à four, badigeonnez-la d'huile et salez-la. Laissez cuire au four 1 h 30. Durant la cuisson, arrosez-la souvent du jus de cuisson.

3. Une fois la cuisson terminée, réservez la viande dans un plat de service au chaud. Dégraissez le jus de cuisson du porc et versez le vermouth dans le plat. Posez-le sur feu vif et déglacez la sauce en grattant le fond avec une spatule en bois pour détacher tous les sucs de cuisson. Rectifiez l'assaisonnement.

4. Découpez le rôti en tranches et servez-le en même temps que la sauce.

Travers de porc aux abricots ★

Pour 4 personnes. Préparation : 15 mn. Cuisson : 1 h 30

- *900 g de travers de porc*
- *2 gros oignons*
- *250 g d'abricots en conserve*
- *12 olives noires*
- *25 g de beurre*
- *4 cuil. à soupe de sucre cristallisé*
- *1 cuil. à café de paprika*
- *1 cuil. à soupe de concentré de tomate*
- *2 cuil. à soupe de vinaigre de vin*
- *4 cuil. à soupe de jus de citron*
- *1 cuil. à café d'huile*
- *2 dl d'eau*
- *1,5 cuil. à café de sel*

1. Allumez le four, thermostat 6 (200°). Pelez les oignons et émincez-les. Egouttez les abricots et coupez chaque abricot en deux.

2. Faites chauffer l'huile dans une poêle, ajoutez-y le beurre et faites-y dorer les travers de tous côtés. Réservez-les dans une cocotte allant au four.

3. Préparez la sauce : faites bien dorer les oignons dans le gras de cuisson de la viande. Retirez ensuite l'excès de gras de la poêle. Mélangez dans une terrine le sucre, le paprika, le sel, le concentré de tomate, le vinaigre et le jus de citron, ainsi que les 2 dl d'eau. Ajoutez ce mélange aux oignons qui sont dans la poêle. Mélangez. Portez à ébullition. Laissez mijoter 3 à 4 mn. Versez la sauce sur la viande. Couvrez. Laissez cuire au four 45 mn. Pendant la cuisson, arrosez plusieurs fois avec le jus de cuisson.

4. Au bout des 45 mn de cuisson, ajoutez les abricots dans la cocotte et laissez cuire encore 15 mn.

5. En fin de cuisson, rectifiez l'assaisonnement, garnissez d'olives noires, puis disposez le tout sur un plat de service. Servez chaud.

Porc à la crème

★

Pour 4 personnes. Préparation : 15 mn. Cuisson : 1 h 20

- 700 g de filet de porc coupé en fines tranches
- 1,5 dl de crème fraîche
- 150 g de champignons de Paris
- 4 tomates
- 1 oignon
- 1 cuil. à soupe de persil plat ciselé
- 1,5 dl de bouillon
- 2 cuil. à soupe d'huile
- 25 g de beurre
- 1 cuil à café de Maïzena
- sel, poivre noir

1. Pelez l'oignon et émincez-le. Plongez les tomates 10 secondes dans l'eau bouillante et rafraîchissez-les, pelez-les et coupez-les en tranches fines. Coupez le pied terreux des champignons, lavez-les, essuyez-les et coupez-les en fines lamelles.

2. Faites chauffer l'huile dans une cocotte, ajoutez-y le beurre et faites-y revenir les morceaux de viande de tous côtés pendant 5 mn, en les remuant fréquemment. Réservez-les dans une assiette. Dans la même cocotte, faites dorer l'oignon. Lorsqu'il est blond, ajoutez les champignons et laissez cuire 5 mn. Ajoutez-y ensuite les tomates, le bouillon. Salez, poivrez et portez à ébullition. Remettez la viande dans la cocotte. Couvrez et laissez mijoter 1 h.

3. Au bout de ce temps, délayez la Maïzena dans la crème et ajoutez-la dans la sauce. Continuez la cuisson jusqu'à ce que la sauce soit épaisse.

4. Rectifiez l'assaisonnement. Servez dans le plat de cuisson. Saupoudrez de persil.

Côtes de porc au fromage

★

Pour 4 personnes. Préparation et cuisson : 35 mn

- 4 côtes de porc dans le filet
- 1 poivron
- 3 tomates
- 50 g d'emmenthal râpé
- 1,5 cuil. à café de brindilles de romarin
- 30 g de beurre
- sel, poivre noir fraîchement moulu

1. Allumez le gril du four. Lavez le poivron, essuyez-le, ôtez-en les graines et coupez-le en fines rondelles. Lavez les tomates et coupez-les en tranches.

2. Salez et poivrez légèrement les côtes. Posez-les sur la grille du four au-dessus de la lèchefrite et faites-les griller sur une face durant 10 mn.

3. Pendant ce temps, faites fondre le beurre dans une poêle et faites-y revenir les rondelles de poivron pendant 6 à 8 mn, jusqu'à ce qu'elles soient tendres.

4. Retournez les côtes sur l'autre face et laissez-les griller 8 à 10 mn.

5. Retirez les côtes du four. Recouvrez-les successivement de rondelles de poivron et de tranches de tomates. Poudrez de romarin et remettez-les sous le gril du four 3 à 4 mn.

6. Retirez à nouveau les côtes, saupoudrez-les de fromage et replacez-les sous le gril jusqu'à ce que le fromage bouillonne. Servez immédiatement.

Poivrons farcis

 ★★

Pour 4 personnes. Préparation : 15 mn. Cuisson : 1 h 30

- 450 g de viande de porc maigre hachée
- 4 poivrons
- 4 fines tranches de lard de poitrine
- 1 oignon
- 2 tomates
- 50 g de beurre
- 25 g de chapelure fraîche
- 4,5 dl de bouillon
- 1 à 2 cuil. à café d'estragon
- sel, poivre noir fraîchement moulu

1. Allumez le four, thermostat 4 (140°). Pelez l'oignon et émincez-le. Retirez la couenne du lard et coupez-le en fins bâtonnets. Lavez les tomates, plongez-les 10 secondes dans l'eau bouillante, égouttez-les et rafraîchissez-les, pelez-les, épépinez-les et coupez-les en petits morceaux. Lavez les poivrons et essuyez-les. Coupez la partie supérieure de chaque poivron. Otez-en les graines.

2. Préparez la farce : faites fondre 30 g de beurre dans une poêle et faites-y revenir l'oignon et les lardons. Mettez-y la viande hachée et laissez cuire sur feu doux pendant 10 mn en remuant fréquemment. Ajoutez-y ensuite la chapelure, les tomates et l'estragon. Salez, poivrez.

3. Beurrez une cocotte allant au four et disposez les poivrons dedans. Garnissez-les de farce. Versez le bouillon dans la cocotte. Couvrez. Laissez cuire au four 45 mn.

4. Au bout de ce temps, sortez la cocotte du four. Réservez les poivrons dans un plat de service au chaud, et faites réduire de moitié le jus de cuisson.

5. Lorsque la sauce est réduite, nappez-en les poivrons et servez aussitôt.

Porc à l'indonésienne

Pour 4 personnes. Préparation et cuisson : 50 mn

- *500 g de rôti de porc cuit froid*
- *2 carottes*
- *1 gros oignon*
- *1 gousse d'ail*
- *65 g de beurre*
- *250 g de riz long*
- *250 g de petits pois congelés*
- *1 œuf*
- *1,5 cuil. à café de poudre de curry*
- *1/2 cuil. à café de coriandre moulue*
- *1/2 cuil. à café de poudre de piment « Chili powder »*
- *1 cuil. à soupe de sauce de soja*
- *1/2 cuil. à café de graines de carvi*
- *sel, poivre*

1. Lavez le riz à l'eau froide, égouttez-le. Faites-le cuire 12 mn dans trois fois son volume d'eau bouillante, légèrement salée. Lorsqu'il est cuit, égouttez-le.

2. Pendant ce temps, coupez le rôti de porc en tranches, puis en dés. Décongelez les petits pois. Pelez l'oignon et émincez-le. Epluchez les carottes et coupez-les en fines rondelles. Pelez la gousse d'ail et hachez-la menu.

3. Faites fondre 50 g de beurre dans une poêle et faites-y blondir, sur feu doux, l'oignon, les carottes et l'ail en remuant avec une spatule. Ajoutez-y le curry, la coriandre, le Chili, les graines de carvi et la sauce de soja. Salez, poivrez et laissez mijoter 1 mn. Ajoutez-y ensuite les morceaux de viande et laissez mijoter 5 mn encore en tournant continuellement. Jetez-y le riz cuit et laissez mijoter 8 à 10 mn. Ajoutez-y les petits pois. Rectifiez l'assaisonnement et laissez cuire quelques minutes encore.

4. Battez l'œuf à la fourchette, avec une cuillerée à soupe d'eau froide et une pincée de sel. Faites fondre le restant du beurre dans une poêle. Versez-y l'œuf battu et laissez cuire sur feu moyen, sans couvrir et sans mélanger, jusqu'à ce que l'omelette soit bien ferme, puis coupez-la en fines lanières.

5. Mettez le mélange de viande, épices et riz dans un plat de service bien chaud et garnissez le dessus de lanières d'omelette.

Goulache de porc

★

Pour 4 personnes. Préparation : 15 mn. Cuisson : 1 h 15

- *700 g de filet de porc, coupé en fines tranches*
- *50 g de beurre*
- *2 oignons*
- *1 poivron*
- *250 g de tomates pelées en conserve*
- *2 dl de bouillon*
- *4 cuil. à soupe de crème fraîche épaisse*
- *1 cuil. à soupe d'huile*
- *2 cuil. à soupe de farine*
- *1 cuil. à soupe de paprika*
- *1/2 cuil. à café de zeste de citron*
- *sel, poivre noir*

1. Pelez les oignons et émincez-les. Lavez le poivron, ôtez-en les graines et découpez-le en fines rondelles. Coupez les tomates en quatre et éliminez les graines.

2. Faites chauffer 1 cuillerée à soupe d'huile dans une casserole, ajoutez-y 25 g de beurre et faites-y dorer les morceaux de porc pendant 5 mn, puis réservez-les dans une assiette creuse.

3. Ajoutez le beurre restant dans la casserole et faites-y dorer les oignons. Mettez-y le paprika et la farine, mélangez bien et laissez cuire 1 mn. Ajoutez-y ensuite les tomates et le bouillon. Salez, poivrez largement et portez à ébullition. Enfin, jetez-y les rondelles de poivron et remettez la viande dans la casserole. Couvrez. Laissez mijoter 1 h environ.

4. Au bout de ce temps, rectifiez l'assaisonnement. Mélangez la crème fraîche et le zeste de citron dans un bol au bain-marie. Dressez le goulache dans un plat de service profond et nappez-le avec le mélange de crème fraîche et de citron. Servez chaud.

Boulettes de porc aigres-douces

★★

- *600 g de viande de porc maigre hachée*
- *50 g de chapelure*
- *1 gousse d'ail*
- *1 œuf*
- *4 cuil. à soupe d'huile*
- *4 cuil. à soupe de farine*
- *sel, poivre noir*

Pour la sauce :
- *1 poivron vert*
- *1 poivron rouge*
- *4 tranches d'ananas en conserve*
- *75 g de sucre cristallisé*
- *4 cuil. à soupe de vinaigre de cidre*
- *2 cuil. à soupe de sauce de soja*
- *4 cuil. à café de Maïzena*
- *3 dl d'eau*

1. Pelez l'ail et hachez-le menu. Lavez les poivrons, ôtez-en les graines et coupez-les en fines rondelles. Coupez les tranches d'ananas en fins bâtonnets.

2. Mettez la viande dans une terrine et ajoutez-y l'ail, la chapelure et l'œuf. Salez, poivrez largement. Travaillez bien le tout avec les doigts jusqu'à obtention d'un mélange homogène. Partagez la viande en 20 parts avec lesquelles vous formez de petites boulettes. Passez-les dans la farine.

3. Faites chauffer l'huile dans une poêle et faites-y dorer les boulettes sur feu moyen pendant 15 mn, en faisant sauter la poêle. Evitez de les retourner avec une spatule car vous risqueriez de les casser. Réservez-les dans un plat au chaud.

4. Pendant ce temps, préparez la sauce : faites blanchir 5 mn les poivrons dans de l'eau bouillante légèrement salée. Egouttez-les. Mélangez-les dans une terrine avec l'ananas. Mettez dans une casserole le sucre, le vinaigre, la sauce de soja et 3 dl d'eau froide. Mélangez. Placez la casserole sur feu vif et portez à ébullition. Ajoutez-y les poivrons et l'ananas et laissez cuire sur feu doux 5 mn. Versez-y ensuite la Maïzena, diluée dans 3 cuillerées à soupe d'eau froide. Mélangez régulièrement en laissant cuire 3 à 4 mn encore. Rectifiez l'assaisonnement.

5. Nappez les boulettes de sauce et servez chaud.

Accompagnez ce plat de riz cuit à l'eau.

Feuilleté de porc

Pour 2 personnes. Préparation : 20 mn. Cuisson : 50 mn

- 350 g de porc maigre
  cuit et haché
- 370 g de pâte feuilletée
- 1 petit oignon
- 50 g de beurre
- 40 g de farine
- 1 jaune d'œuf
- 1 botte de cresson
- 3 dl de lait
- sel, poivre,
  noix muscade

1. Allumez le four, thermostat 7 (230°). Pelez l'oignon et hachez-le menu.

2. Préparez la farce : faites fondre 40 g de beurre dans une casserole sur feu doux et faites-y blondir l'oignon. Jetez-y la farine et laissez cuire 1 mn en tournant. Ajoutez-y progressivement le lait et portez à ébullition tout en continuant à mélanger. Salez, poivrez, muscadez. Mettez-y ensuite la viande hachée et laissez mijoter 4 à 5 mn. Rectifiez l'assaisonnement et laissez refroidir.

3. Abaissez la pâte au rouleau et coupez-la en deux parties égales de 28 cm sur 15 cm. Beurrez légèrement la plaque du four. Placez une partie de la pâte sur la plaque du four et étalez dessus la farce à 2,5 cm des bords. Mouillez légèrement d'eau le pourtour de la pâte.

4. Sur le plan de travail, pliez le deuxième morceau de pâte en deux dans le sens de la longueur et, à partir de 5 cm de chaque extrémité, incisez la pâte à 1 cm d'intervalle de façon à former de petites bandes parallèles. Dépliez ensuite la pâte et placez-la avec précaution au-dessus de la farce. Soudez-en le pourtour en appuyant bien contre les bords extérieurs de la pâte. Badigeonnez la pâte de jaune d'œuf.

5. Laissez cuire au four 15 mn. Réduisez ensuite la chaleur du four, thermostat 5 (170°), et laissez cuire encore 20 à 25 mn. Le pâté doit être gonflé et doré.

Vous pouvez servir ce plat froid ou chaud selon vos goûts, garni de cresson.

Rôti de porc farci

Pour 6 personnes. Préparation : 20 mn. Cuisson : 1 h 30

- 1,5 kg de poitrine
  de porc
- 150 g de salami coupé
  en fines tranches
- 50 g de chapelure
- 1 cuil. à soupe de persil
  plat ciselé
- 2 oranges
- 1 œuf
- le zeste de 1 orange
- 1 cuil. à café
  de thym séché
- 2 cuil. à soupe d'huile
- quelques brins de persil
- sel, poivre noir

1. Allumez le four, thermostat 5 (170°). Préparez la farce : hachez 75 g de salami. Mélangez dans une terrine la chapelure, le salami, le zeste d'orange, le persil et le thym. Salez, poivrez. Cassez un œuf et mélangez bien le tout.

2. Eliminez la couenne et la plus grande partie du gras de la viande, puis placez-la sur un grand plat, côté gras au-dessous. Etalez uniformément la farce sur la viande jusqu'à 1 cm des bords. Roulez la viande sur elle-même en enfermant bien la farce à l'intérieur. Ficelez-la. Mettez la viande dans un plat à rôtir. Badigeonnez-la légèrement d'huile et salez-la. Laissez cuire au four 1 h 30, jusqu'à ce que le rôti soit bien doré. Durant la cuisson, arrosez une ou deux fois la viande avec le jus de cuisson.

3. Pendant ce temps, épluchez les oranges et coupez-les en tranches fines.

4. Lorsque la viande est cuite, dressez-la sur un plat de service. Garnissez votre plat de tranches d'orange et de salami, ajoutez quelques brins de persil et servez chaud.

Terrine de porc et de foie

★★

Pour 4-5 personnes. Préparation : 25 mn. Cuisson : 2 h 10. Réfrigération : 1 h 30 environ

- *400 g d'échine de porc*
- *250 g de foie de porc*
- *1 oignon*
- *2 gousses d'ail*
- *25 g de chapelure*
- *35 g de beurre*
- *1 œuf*
- *1 concombre*
- *8 olives farcies*
- *1,5 dl de gelée*
- *1 cuil. à soupe de câpres*
- *sel, poivre noir fraîchement moulu*

1. Allumez le four, thermostat 3 (110°). Pelez l'ail et l'oignon. Coupez grossièrement la viande et le foie en petits morceaux.

2. Faites fondre 25 g de beurre dans une poêle et faites-y dorer les morceaux de viande et de foie en les retournant souvent avec une spatule. Laissez-les refroidir, puis hachez-les menu en même temps que l'oignon, l'ail et les câpres. Ajoutez la chapelure à ce mélange. Salez et poivrez. Jetez-y un œuf battu et mélangez bien. Beurrez un moule à soufflé de 15 cm de diamètre. Versez le tout dans le moule, et tassez bien. Placez le moule dans un plat à four, rempli d'eau jusqu'au tiers de sa hauteur. Couvrez de papier sulfurisé et laissez cuire au four 2 h.

3. Au bout de ce temps, sortez le moule du four. Laissez-le refroidir, puis mettez-le au réfrigérateur 30 mn.

4. Pendant ce temps, épluchez le concombre et coupez-le en rondelles. Coupez les olives en rondelles.

5. Au bout de 30 mn de réfrigération, garnissez d'olives et de rondelles de concombre le dessus du moule. Faites fondre la gelée et versez-la sur la surface de la terrine. Remettez au réfrigérateur jusqu'à ce que le tout soit bien ferme.

Echine rôtie aux oignons nouveaux

Pour 6 personnes. Préparation : 15 mn. Cuisson : 2 h

- 1,5 kg d'échine désossée et ficelée
- 350 g d'oignons nouveaux
- 16 gousses d'ail
- 16 clous de girofle
- 15 g de beurre
- 500 g de tomates mûres
- 1 cuil. à café de basilic ciselé
- 1,5 dl de vin blanc
- 2 cuil. à soupe de chapelure
- sel, poivre noir

1. Allumez le four, thermostat 5 (170°). Pelez les oignons et les gousses d'ail. Pratiquez des fentes de part en part dans la viande et insérez-y les gousses d'ail. Piquez le dessus de l'échine avec les clous de girofle.

2. Mettez la viande dans une cocotte allant au four. Faites chauffer le beurre dans une poêle et faites-y dorer les oignons. Disposez-les autour de l'échine et poudrez-les de basilic. Versez le vin dans la cocotte. Salez, poivrez. Couvrez et laissez cuire 1 h 30.

3. Pendant ce temps, plongez les tomates 10 secondes dans l'eau bouillante, rafraîchissez-les, pelez-les, coupez-les en quatre et éliminez les graines. Lorsque la viande a cuit 1 h, ajoutez les tomates dans la cocotte.

4. Au bout de 1 h 30 de cuisson, ôtez le couvercle de la cocotte, poudrez la viande de chapelure et laissez cuire 10 mn encore à découvert.

5. Dressez l'échine dans un plat de service. Entourez-la d'oignons et de tomates. Rectifiez l'assaisonnement du jus de cuisson, faites-le réduire de moitié à feu vif, puis nappez-en les légumes et servez.

Potée de légumes au lard

Pour 4 personnes. Préparation et cuisson : 2 h 25

- 800 g de lard de poitrine fumé
- 6 poireaux
- 4 carottes
- 450 g de pommes de terre
- 25 g de beurre
- 3 dl de bouillon
- poivre noir fraîchement moulu

1. Mettez le lard dans une marmite et recouvrez-le d'eau froide. Portez à ébullition. Retirez au fur et à mesure l'écume qui se forme à la surface. Couvrez et laissez mijoter 1 h.

2. Pendant ce temps, ôtez une partie du vert des poireaux et les feuilles abîmées. Lavez-les soigneusement et coupez-les en tronçons. Grattez les carottes, lavez-les et coupez-les en rondelles. Epluchez les pommes de terre, coupez-les en très fines rondelles.

3. Après 1 h de cuisson, égouttez le lard et coupez-le en dés de 2 cm de côté.

4. Allumez le four, thermostat 5 (170°). Faites fondre le beurre dans une poêle et faites-y revenir les poireaux. Placez-les au fond d'une cocotte allant au four. Recouvrez-les d'une couche de carottes, puis d'une couche de pommes de terre. Placez le lard au-dessus de celles-ci et disposez ensuite une couche de pommes de terre pour terminer. Versez-y le bouillon. Poivrez. Couvrez et déposez au four pour 45 mn.

5. Au bout de ce temps, ôtez le couvercle de la cocotte et laissez cuire 20 à 30 mn encore. Servez dans le plat de cuisson.

Pizza au lard fumé

Pour 4 personnes. Préparation : 25 mn. Cuisson : 30 mn

- 5 fines tranches de lard de poitrine fumé
- 200 g de farine
- 50 g de beurre
- 250 g de tomates pelées en conserve
- 100 g d'emmenthal râpé
- 1 œuf
- 1 dl de lait
- 12 filets d'anchois en conserve
- 6 olives farcies
- 1 cuil. à soupe d'origan
- sel, poivre noir

1. Versez la farine dans une terrine, salez et poivrez. Ajoutez-y le beurre et travaillez bien avec les doigts. Mettez-y ensuite l'origan et l'œuf. Versez-y progressivement le lait sans cesser de mélanger jusqu'à ce que la pâte soit bien lisse.

2. Allumez le four, thermostat 8 (250°). Retirez la couenne du lard. Coupez les tomates en deux, éliminez les graines et écrasez les tomates grossièrement à la fourchette.

3. Abaissez la pâte au rouleau sur un plan de travail saupoudré de farine, jusqu'à obtenir un rond de 20 cm de diamètre. Tapissez-en le fond d'un moule à tarte. Recouvrez toute la surface de la pâte de tomates. Disposez au-dessus les tranches de lard et laissez cuire au four 15 mn.

4. Au bout de ce temps, recouvrez le lard de fromage râpé et disposez les anchois en croisillons sur le dessus. Garnissez d'olives coupées en deux. Poivrez. Laissez cuire au four 5 à 10 mn encore, jusqu'à ce que le fromage fonde. Servez très chaud.

Bacon farci aux pruneaux

★

Pour 2 personnes. Préparation : 20 mn. Cuisson : 20 mn environ

- *4 tranches de bacon à l'anglaise*
- *50 g de pruneaux*
- *3 grosses pommes golden*
- *25 g de beurre*
- *sel, poivre noir*

1. La veille, faites tremper les pruneaux dans une terrine d'eau froide.

2. Le lendemain, allumez le gril du four. Dénoyautez les pruneaux et coupez-les grossièrement en morceaux. Pelez les pommes. Coupez-les en quartiers. Retirez les pépins et le cœur. Coupez-en 1 en petits cubes et les 2 autres en rondelles. Otez la couenne du bacon et pratiquez une poche profonde dans le gras de chaque tranche.

3. Mélangez les pruneaux et la pomme coupée en cubes et garnissez de ce mélange les poches que vous avez pratiquées. Fermez-en l'ouverture avec de petits bâtonnets de bois et placez les tranches sur la plaque du four. Salez, poivrez. Laissez cuire 8 à 10 mn sur chaque face.

4. Pendant ce temps, faites fondre le beurre dans une poêle et faites-y revenir les rondelles de pommes jusqu'à ce qu'elles soient bien dorées.

5. Dressez les tranches sur un plat de service, éliminez les bâtonnets et entourez-les de rondelles de pommes. Servez aussitôt.

★★ Pudding de bacon aux oignons

Pour 4 personnes. Préparation : 30 mn. Cuisson : 4 h

- *200 g de farine*
- *85 g de beurre*
- *1 cuil. à café d'herbes de Provence*
- *1/2 cuil. à café de sel*

Pour la farce :
- *550 g de bacon ou de poitrine fumée*
- *2 oignons*
- *poivre noir fraîchement moulu*

1. Préparez la pâte : mettez la farine dans un grand saladier, ajoutez-y 75 g de beurre, le sel et les herbes de Provence. Travaillez le mélange en y incorporant 4 cuillerées à soupe d'eau jusqu'à obtention d'une pâte lisse et souple.

2. Coupez le bacon en fins bâtonnets. Si vous utilisez du lard de poitrine, éliminez-en la couenne avant de le couper. Pelez les oignons et coupez-les en rondelles. Mettez les bâtonnets de bacon et les oignons dans une assiette, poivrez et mélangez. Faites bouillir de l'eau dans une casserole.

3. Pendant ce temps, abaissez la pâte au rouleau, étalez-la en deux cercles : le premier de diamètre égal à celui du moule et le second deux fois plus grand.

4. Beurrez, avec le reste de beurre, un moule à pudding ou une terrine de 1 litre de contenance et tapissez-en l'intérieur avec le plus grand cercle de pâte. Ajoutez-y le mélange oignons-bacon. Mouillez le bord du plus petit cercle de pâte. Posez-le sur le moule. Pincez-en le pourtour avec celui de la pâte du dessous pour bien les souder ensemble. Recouvrez le tout de papier sulfurisé, puis d'une feuille d'aluminium.

5. Posez le moule dans une marmite, versez-y l'eau bouillante : elle doit arriver aux trois quarts du moule. Faites cuire 4 h au bain-marie en ajoutant de l'eau bouillante si nécessaire.

★ Jambonneaux sauce à l'oignon

Pour 6 personnes. Trempage : 6 h. Préparation et cuisson : 1 h 40

- *2 jambonneaux demi-sel*
- *2 oignons*
- *1 feuille de laurier*
- *50 g de farine*
- *50 g de beurre*
- *4,5 dl de lait*
- *2 à 3 cuil. à café de sauge fraîche ciselée*
- *1 petite branche de thym*
- *sel, poivre noir*

1. Faites tremper les jambonneaux pendant 6 h dans de l'eau froide.

2. Au bout de ce temps, mettez les jambonneaux dans une marmite. Couvrez-les d'eau froide. Ajoutez-y le thym et la feuille de laurier. Portez à ébullition. Retirez au fur et à mesure l'écume qui se forme à la surface. Laissez mijoter 1 h 30.

3. Pendant ce temps, préparez la sauce : pelez les oignons et émincez-les. Faites fondre le beurre dans une poêle et faites-y revenir les oignons sur feu très doux. Ajoutez-y la farine en tournant et laissez cuire 1 mn, puis versez-y progressivement le lait et portez à ébullition. Salez, poivrez. Ajoutez-y la sauge et laissez mijoter 3 à 4 mn.

4. Lorsque les jambonneaux sont cuits, retirez-en la peau, détachez la chair des os. Dressez la viande dans un plat de service chaud, nappez avec une partie de la sauce et versez le reste de la sauce en saucière. Servez aussitôt.

Tourte au jambon

Pour 4 personnes. Préparation : 25 mn. Cuisson : 1 h 15

- *175 g de jambon cuit*
- *25 g de farine*
- *25 g de beurre*
- *3 dl de lait*
- *2 œufs*
  + 1 jaune d'œuf
- *2 tomates*
- *1 gros oignon*
- *3 cuil. à soupe de fines herbes ciselées :*
  persil, estragon, cerfeuil
- *sel, poivre noir fraîchement moulu*

Pour la pâte :
- *100 g de beurre mou*
- *200 g de farine*
- *sel*

1. Pelez l'oignon et émincez-le. Faites cuire 2 œufs dans de l'eau bouillante pendant 10 mn, puis refroidissez-les. Coupez les tomates en tranches. Hachez menu le jambon. Ecalez les œufs.

2. Préparez la farce : faites fondre le beurre à feu doux dans une casserole et faites-y dorer l'oignon. Ajoutez-y 25 g de farine en remuant régulièrement. Laissez cuire 1 ou 2 mn. Versez ensuite progressivement le lait tout en tournant. Portez à ébullition. Salez, poivrez, retirez du feu et ajoutez les fines herbes et le jambon haché, mélangez, rectifiez l'assaisonnement et laissez refroidir.

3. Allumez le four, thermostat 7 (230°). Préparez la pâte : versez dans une terrine les 200 g de farine, une pincée de sel, ajoutez-y le beurre mou. Travaillez bien avec les doigts, puis ajoutez-y progressivement suffisamment d'eau froide pour obtenir une pâte fine et souple.

4. Abaissez les deux tiers de la pâte au rouleau sur un plan de travail fariné, jusqu'à ce qu'elle ait une épaisseur de 3 mm environ. Tapissez le fond d'un moule rectangulaire à bords hauts avec cette pâte. Recouvrez-la uniformément avec la moitié de la farce. Découpez les œufs durs en rondelles et placez-les sur la farce, recouvrez de tomates et enfin du reste de la farce.

5. Abaissez le restant de pâte en formant un rectangle de 3 mm d'épaisseur, de même dimension que le moule. Posez-le sur la farce, mouillez-en les bords et pincez-les en les festonnant pour bien les souder. Pratiquez un trou au centre, puis décorez le dessus de la tourte avec les chutes de pâte. Badigeonnez le dessus avec le jaune d'œuf.

6. Mettez la tourte au four pendant 1 h environ. Au bout de 20 mn de cuisson, réduisez la température du four, thermostat 4 (140°). La tourte doit être bien dorée. Vous pouvez la servir chaude ou froide, selon vos goûts.

•

Jambon fumé aux pêches

Pour 4 personnes. Préparation : 15 mn. Cuisson : 50 mn

- *4 tranches fines de jambon fumé*
- *500 g de pêches en conserve*
- *40 g de chapelure*
- *20 clous de girofle*
- *1 échalote*
- *1 cuil. à soupe de persil plat ciselé*
- *4 cuil. à soupe de jus de citron*
- *1 cuil. à soupe de sucre cristallisé*
- *1/2 cuil. à café de moutarde forte*
- *1 bonne pincée de cannelle*
- *10 g de beurre*
- *sel, poivre noir fraîchement moulu*

1. Egouttez les pêches en conservant 1 dl de jus. Réservez 4 demi-pêches et piquez chacune d'elles de 5 clous de girofle.

2. Préparez la farce : hachez finement le restant de pêches et mettez-le dans une terrine. Pelez et émincez l'échalote et ajoutez-la dans la terrine. Ajoutez-y la cannelle, la chapelure et le persil. Salez, poivrez. Mélangez bien.

3. Allumez le four, thermostat 4 (140°). Partagez la farce en 4 parts égales. Etalez bien les tranches de jambon et, au milieu de chacune d'elles, mettez une part de farce. Enroulez les tranches sur elles-mêmes et fixez-les avec un petit bâtonnet de bois. Beurrez un plat à four et disposez-y les rouleaux de jambon.

4. Mélangez ensuite le jus de pêche avec le jus de citron et la moutarde. Poivrez à volonté. Mélangez. Versez ce mélange sur le jambon, et déposez au four 40 mn sans couvrir.

5. Au bout de ce temps, arrosez le jambon du jus de cuisson. Placez sur chaque rouleau 1/2 pêche piquée de clous de girofle. Saupoudrez de sucre et remettez pendant 10 mn au four.

Vous pouvez décorer ce plat de cresson, si vous le désirez.

Mousse au jambon

Pour 4 personnes. Préparation : 15 mn. Cuisson : 10 mn. Réfrigération : 1 h

- *400 g de jambon cuit*
- *1 petite boîte*
  de pointes d'asperges
- *3 œufs*
- *20 g de sucre en poudre*
- *2 dl de crème fraîche*
  épaisse
- *1 cuil. à soupe*
  de moutarde forte
- *3 cuil. à soupe*
  de vinaigre de vin
- *2 feuilles de gélatine*
- *10 g de beurre*
- *sel, poivre noir*
  fraîchement moulu

1. Coupez finement le jambon. Battez les œufs dans une terrine. Faites ramollir la gélatine dans une terrine d'eau froide. Faites chauffer le vinaigre dans une casserole, puis ajoutez-y la gélatine et laissez-la se dissoudre totalement.

2. Mélangez dans une casserole les œufs battus, le sucre, la moutarde, 1/2 cuillerée de sel. Poivrez à volonté. Ajoutez-y le mélange vinaigre-gélatine. Faites chauffer le tout à feu très doux en remuant constamment jusqu'à obtention d'une sauce épaisse et homogène. Retirez la casserole du feu. Laissez tiédir. Ajoutez-y la crème fraîche et le jambon. Mélangez bien.

3. Beurrez un moule à bords cannelés et versez-y la mousse obtenue. Mettez-le au réfrigérateur pendant 1 h ou plus.

4. Quand la mousse est bien ferme, trempez le fond du moule, juste quelques secondes, dans l'eau chaude et démoulez-le sur un plat de service. Garnissez le plat d'asperges.

Endives gratinées au jambon

Pour 4 personnes. Préparation : 15 mn. Cuisson : 50 mn

- *8 endives moyennes*
- *8 fines tranches de jambon cuit*
- *150 g d'emmenthal râpé*
- *moutarde forte*
- *60 g de beurre*
- *40 g de farine*
- *4,5 dl de lait*
- *2 cuil. à soupe de chapelure*
- *sel, poivre noir fraîchement moulu*

1. Otez les premières feuilles des endives, lavez-les et faites-les blanchir 3 mn dans l'eau bouillante. Egouttez-les.

2. Etalez bien les tranches de jambon. Mettez un peu de moutarde sur chacune d'elles, poudrez-les de 1/3 de fromage râpé et déposez une endive sur chaque tranche de jambon. Enroulez bien serré les tranches de jambon sur elles-mêmes. Beurrez un plat à gratin avec 10 g de beurre et disposez les endives dans le plat.

3. Allumez le four, thermostat 7 (230°). Faites chauffer sur feu doux le beurre dans une casserole. Versez-y la farine en tournant. Laissez cuire 1 mn. Ajoutez-y progressivement le lait. Portez à ébullition tout en mélangeant. Salez, poivrez largement. Rectifiez l'assaisonnement et laissez mijoter 3 mn. Jetez-y 75 g de fromage, mélangez, puis recouvrez les rouleaux de jambon de cette sauce.

4. Mélangez le restant de fromage avec la chapelure et recouvrez-en la sauce. Laissez cuire au four 30 à 40 mn jusqu'à ce que le gratin soit bien doré. Servez très chaud.

Jambon fumé caramélisé

Pour 6 personnes. Trempage : 6 h. Préparation : 10 mn. Cuisson : 1 h 20

★

- 1 jambon fumé de 2 kg
- 4 clous de girofle
- 1 feuille de laurier
- 100 g de sucre cristallisé
- 2 cuil. à soupe
  de vinaigre de vin
- 1 cuil. à soupe de miel

1. 6 h avant de préparer le jambon, faites-le tremper dans une grande marmite d'eau froide.

2. Au bout de ce temps, jetez l'eau de trempage du jambon, puis recouvrez à nouveau celui-ci d'eau froide. Ajoutez-y les clous de girofle, la feuille de laurier, 25 g de sucre et portez à ébullition. Retirez au fur et à mesure l'écume qui se forme à la surface. Couvrez et laissez mijoter 1 h 10.

3. Lorsque le jambon est cuit, égouttez-le et enlevez la couenne et l'excès de graisse. Avec un couteau taillez des losanges dans le gras du jambon.

4. Allumez le gril du four. Faites chauffer ensemble le vinaigre et le miel. Badigeonnez le dessus du jambon de ce mélange. Saupoudrez-le de sucre en appuyant dessus avec votre main pour bien le faire pénétrer.

5. Posez le jambon sur la grille du four et faites-le dorer pendant 10 mn. Servez très chaud.

Accompagnez ce jambon de pommes vapeur.

Côtes de porc gratinées aux noix

Pour 4 personnes. Préparation : 10 mn. Cuisson : 45 mn

- *4 côtes premières*
- *8 cerneaux de noix*
- *2 cuil. à soupe de persil ciselé*
- *40 g de chapelure*
- *25 g de beurre*
- *1 dl de bouillon*
- *1/2 cuil. à café de noix muscade râpée*
- *1/2 cuil. à café de thym*
- *sel, poivre noir*

Pour servir :
- *1 citron, persil*

1. Allumez le four, thermostat 6 (200°). Écrasez au pilon les noix dans un mortier. Mélangez dans une terrine la chapelure, la noix muscade, le thym, le persil et les noix écrasées. Salez et poivrez.

2. Faites fondre le beurre dans une poêle et faites-y dorer les côtes de tous côtés. Réservez-les dans un plat à gratin suffisamment grand pour contenir les 4 côtes en une seule rangée. Recouvrez uniformément les côtes de ce mélange. Versez le bouillon au fond du plat et couvrez celui-ci d'une feuille d'aluminium. Laissez cuire au four 20 mn.

3. Au bout de ce temps, ôtez la feuille d'aluminium et laissez cuire encore 15 à 20 mn environ pour que les côtes soient bien dorées.

4. Dressez les côtes dans un plat de service, garnissez-les de rondelles de citron et de brins de persil.

Porc aux haricots blancs

Pour 4 personnes. Trempage : 12 h. Préparation : 10 mn. Cuisson : 4 h

- *500 g de poitrine fraîche*
- *250 g de haricots blancs secs*
- *2 gros oignons*
- *1 cuil. à café de moutarde*
- *2 cuil. à soupe de vinaigre de cidre*
- *2 dl de vin rouge*
- *6 clous de girofle*
- *sel, poivre noir*

1. La veille, faites tremper les haricots dans une grande quantité d'eau froide.

2. Le lendemain, allumez le four, thermostat 4 (140°). Pelez les oignons et émincez-les. Egouttez les haricots. Mettez-les dans une grande cocotte allant au four.

3. Parez la viande et coupez-la en dés de 2,5 cm. Mettez-la dans la cocotte. Ajoutez-y les oignons et versez juste la quantité nécessaire d'eau pour recouvrir entièrement les morceaux de viande. Mettez-y ensuite la moutarde, le vinaigre, les clous de girofle et le vin. Poivrez et salez. Couvrez et laissez cuire au four pendant 3 h.

4. Au bout de ce temps, sortez la cocotte du four. Otez-en le couvercle et mélangez délicatement. Ajoutez de l'eau bouillante si nécessaire. Rectifiez l'assaisonnement et remettez au four pendant 1 h encore.

★

Rognons à l'orange

Pour 4 personnes. Préparation : 10 mn. Cuisson : 40 mn

- *10 rognons d'agneau*
- *4 fines tranches de lard de poitrine fumé*
- *2 oignons*
- *le zeste de 1 orange*
- *le jus de 1 orange*
- *1 cuil. à soupe de persil plat ciselé*
- *40 g de beurre*
- *2 cuil. à café de concentré de tomate*
- *3 cuil. à soupe de farine*
- *1/2 cuil. à café de paprika*
- *sel, poivre noir*

1. Fendez chaque rognon en deux, ôtez la pellicule qui les recouvre ainsi que les petits filets nerveux du centre. Lavez-les et essuyez-les. Pelez les oignons et émincez-les. Retirez la couenne du lard et coupez-le en fins bâtonnets.

2. Passez les rognons dans 2 cuillerées à soupe de farine de tous côtés. Faites fondre le beurre dans une poêle et mettez-y les rognons, laissez-les cuire sur feu moyen en les remuant jusqu'à ce qu'ils soient bien saisis. Réservez-les. Mettez les oignons et les lardons dans la poêle et faites-les dorer à feu doux. Ajoutez-y ensuite le restant de farine en tournant, puis le paprika. Laissez cuire 1 mn avant d'ajouter progressivement 1 dl d'eau tiède, le jus et le zeste d'une orange. Portez graduellement à ébullition. Salez, poivrez largement, puis ajoutez-y le concentré de tomate. Laissez mijoter pendant 20 mn environ. Ajoutez les rognons, laissez chauffer quelques minutes, puis dressez les rognons sur un plat de service.

3. Nappez les rognons de sauce, mélangez, parsemez de persil et servez.

Rognons et saucisses à l'aneth

Pour 4 personnes. Préparation et cuisson : 1 h

- *8 rognons d'agneau*
- *2 saucisses chipolatas*
- *1 cuil. à soupe de persil plat ciselé*
- *1 gros oignon*
- *1 dl de vin rouge*
- *40 g de beurre*
- *1/2 cuil. à café d'aneth*
- *sel, poivre noir fraîchement moulu*

Pour la purée :
- *700 g de pommes de terre*
- *1 œuf*
- *3 dl de lait*

1. Fendez chaque rognon en deux, ôtez la pellicule qui les recouvre ainsi que les petits filets nerveux du centre. Lavez-les et essuyez-les. Pelez l'oignon et émincez-le. Coupez chaque saucisse en deux.

2. Faites fondre le beurre dans une cocotte et faites-y revenir les chipolatas jusqu'à ce qu'elles soient légèrement dorées. Réservez-les dans une assiette. Dans le même gras de cuisson, faites bien saisir les rognons et réservez-les. Faites revenir l'oignon émincé dans la même cocotte, puis versez-y progressivement le vin et portez à ébullition.

3. Remettez les saucisses dans la cocotte. Salez, poivrez largement et ajoutez-y ensuite l'aneth. Mélangez. Couvrez et laissez cuire à feu doux 15 mn.

4. Pendant ce temps, préparez une purée de pommes de terre. Mettez-la ensuite dans une poche à douille et formez deux gros festons de purée en bordure d'un plat allant au four. Badigeonnez la purée d'œuf.

5. Allumez le gril du four et placez le plat de purée près de la source de chaleur. Lorsque les saucisses sont cuites, remettez les rognons dans la cocotte et réchauffez-les pendant quelques minutes. Dès que la purée est dorée, versez le mélange de saucisses et de rognons au centre du plat et saupoudrez de persil.

Rognons à la portugaise

Pour 4 personnes. Préparation et cuisson : 40 mn

- *10 rognons d'agneau*
- *2 oignons*
- *2 gousses d'ail*
- *1 poivron rouge*
- *400 g de tomates pelées en conserve*
- *25 g de beurre*
- *1 cuil. à soupe de concentré de tomate*
- *3 cuil. à soupe d'huile*
- *1/4 cuil. à café de sauce tabasco*
- *1 cuil. à soupe de jus de citron*
- *1 douzaine d'olives noires*
- *sel, poivre noir fraîchement moulu*

1. Pelez les oignons et émincez-les. Pelez les gousses d'ail et hachez-les menu. Coupez la partie supérieure du poivron et ôtez-en les graines. Coupez-le en fines rondelles. Fendez chaque rognon en deux, ôtez la pellicule qui les recouvre ainsi que les petits filets nerveux du centre. Lavez-les et essuyez-les. Passez les tomates au moulin à légumes, grille fine.

2. Préparez la sauce : faites chauffer 2 cuillerées à soupe d'huile dans une casserole et faites-y dorer les oignons et l'ail. Ajoutez-y ensuite le poivron et laissez revenir 4 à 5 mn en tournant. Versez-y le concentré de tomate, les tomates pelées, le tabasco et le jus de citron. Salez, poivrez. Mélangez et portez à ébullition. Couvrez. Laissez mijoter 15 mn en mélangeant de temps en temps.

3. Pendant ce temps, faites fondre le beurre dans une autre casserole et ajoutez-y le restant d'huile. Jetez-y les rognons et faites-les dorer 5 mn de tous côtés en les remuant fréquemment, puis ajoutez-y la sauce. Rectifiez l'assaisonnement, ajoutez les olives, mélangez et servez aussitôt.

Vous pouvez accompagner ce plat de riz cuit à l'eau.

Crêpes aux rognons

Pour 6 personnes. Préparation et cuisson : 1 h 35

Pour la pâte à crêpes :
- *100 g de farine*
- *2 œufs*
- *3 dl de lait*
- *1 cuil. à soupe d'huile*
- *20 g de beurre*
- *1 pincée de sel*

Pour la farce :
- *8 rognons d'agneau*
- *100 g de champignons de Paris*
- *60 g de beurre*
- *40 g d'amandes effilées et grillées*
- *1 cuil. à café de Maïzena*
- *1,5 dl de crème fraîche liquide*
- *2 cuil. à soupe de xérès*
- *noix muscade*
- *sel, poivre noir fraîchement moulu*

1. Préparez la pâte : mettez la farine dans une terrine avec une pincée de sel. Faites une fontaine et mettez-y les œufs, l'huile et un peu de lait, travaillez bien le tout pour obtenir une pâte homogène. Continuez à ajouter le lait en tournant jusqu'à obtention d'une pâte lisse et molle. Laissez reposer.

2. Pendant ce temps, fendez chaque rognon en deux, ôtez-en la pellicule qui les recouvre ainsi que les petits filets nerveux du centre, lavez-les et essuyez-les. Coupez-les en cubes. Coupez le pied terreux des champignons, lavez-les, essuyez-les, coupez-les en fines lamelles.

3. Préparez la farce : faites fondre 50 g de beurre dans une poêle et faites-y dorer les rognons de tous côtés 5 mn environ, puis réservez-les dans une terrine. Ajoutez les champignons dans la poêle et faites-les cuire 5 mn, puis réservez-les avec les rognons.

4. Versez le xérès dans la poêle et laissez-le s'évaporer en tournant avec une spatule. Délayez la Maïzena dans la crème. Versez-la dans la poêle avec la moitié des amandes. Salez. Poivrez. Muscadez. Faites épaissir la sauce à feu vif, puis versez-la dans la terrine.

5. Beurrez très légèrement une poêle, versez-y une louche de pâte en inclinant la poêle dans tous les sens pour l'étendre. Mettez sur feu vif, laissez sécher d'un côté, retournez la crêpe et faites-la dorer de l'autre côté. Faites ainsi 8 à 10 crêpes pas trop fines.

6. Allumez le four, thermostat 6 (200°). Beurrez un plat à four avec le beurre restant. Partagez la farce en autant de parts que de crêpes. Recouvrez les crêpes de farce, roulez-les sur elles-mêmes et placez-les dans un plat à four. Poudrez-les avec le restant d'amandes et laissez cuire au four 10 mn. Servez très chaud.

Beignets de rognons sauce moutarde

Pour 4 personnes. Préparation : 15 mn. Cuisson : 30 mn

- 12 rognons d'agneau
- 150 g de farine
- 50 g de beurre
- 10 olives farcies
- 1 œuf
- 1,5 dl de lait
- 3 cuil. à soupe de farine
- 1 cuil. à soupe de moutarde
- 2,5 dl de bouillon
- sel, poivre noir fraîchement moulu

1. Mettez 125 g de farine dans une terrine avec une pincée de sel. Jetez-y l'œuf et versez-y progressivement les trois quarts du lait en tournant continuellement avec une cuillère de bois pour obtenir une pâte bien lisse. Ajoutez-y ensuite le restant de lait de manière à avoir une pâte fluide.

2. Fendez les rognons en deux, ôtez la pellicule qui les recouvre ainsi que les petits filets nerveux du centre, lavez-les et essuyez-les. Passez-les dans 3 cuillerées de farine de tous côtés. Réservez-les dans une assiette.

3. Préparez la sauce : faites fondre 25 g de beurre dans une casserole. Mettez-y progressivement 25 g de farine en tournant et laissez cuire 1 mn. Ajoutez-y graduellement le bouillon et laissez bouillir 3 mn. Salez, poivrez. Mélangez. Mettez-y la moutarde et laissez mijoter 2 mn. Retirez la casserole du feu. Coupez les olives en rondelles, jetez-les dans la sauce et réservez au chaud.

4. Faites bien chauffer le restant de beurre dans une poêle. Plongez les rognons dans la pâte et faites-les dorer ensuite dans le beurre 4 à 5 mn en les retournant pour qu'ils soient entièrement dorés et croustillants. Posez-les au fur et à mesure sur du papier absorbant et tenez-les au chaud.

5. Dressez les beignets sur un plat de service et versez la sauce en saucière. Servez aussitôt.

Vous pouvez garnir le plat de service de moutarde et de cresson.

Rognons au cidre

Pour 4 personnes. Préparation : 15 mn. Cuisson : 25 mn

- 10 rognons d'agneau
- 4 tranches de lard de poitrine fumé
- 4 dl de cidre sec
- 1 gros oignon
- 1 gousse d'ail
- 25 g de beurre
- 3 cuil. à soupe de farine
- sel, poivre noir fraîchement moulu

Facultatif :
- 1 cuil. à soupe de ciboulette hachée menu
- 2 cuil. à soupe de persil haché menu

1. Pelez l'oignon et émincez-le. Otez la couenne du lard et coupez-le en fins bâtonnets. Pelez l'ail et hachez-le menu. Fendez les rognons en deux, ôtez la pellicule qui les recouvre ainsi que les filets nerveux du centre. Lavez-les et essuyez-les. Passez-les dans la farine.

2. Faites fondre le beurre dans une sauteuse et faites-y revenir les lardons et les rognons pendant 5 mn en mélangeant avec une spatule, puis réservez-les.

3. Dans la même sauteuse faites revenir l'ail et l'oignon, puis ajoutez progressivement le cidre, en tournant. Portez à ébullition et laissez mijoter sans couvrir, 10 mn environ, pour réduire la sauce. Salez, poivrez. Ajoutez les rognons et les lardons, laissez réchauffer 5 mn, puis dressez la viande dans un plat de service, nappez-la de sauce et servez.

Vous pouvez accompagner ce plat de pommes vapeur ou de spaghettis au beurre et le poudrer largement de ciboulette et de persil hachés menu.

 ★

Risotto au foie

Pour 4 personnes. Préparation et cuisson : 1 h

- *500 g de foie d'agneau*
- *2 petites tranches de lard de poitrine fumé*
- *2 gros oignons*
- *100 g de champignons de Paris*
- *200 g de tomates pelées en conserve*
- *250 g de petits pois frais*
- *6 dl de bouillon*
- *50 g de beurre*
- *250 g de riz long*
- *sel, poivre noir*

Facultatif :
- *50 g de parmesan râpé*
- *1/2 cuil. à café de marjolaine*

1. Ecossez les petits pois et faites-les bouillir 10 mn dans de l'eau bouillante légèrement salée. Egouttez-les et réservez-les. Pelez les oignons et émincez-les. Otez la couenne du lard et coupez-le en fins bâtonnets. Coupez le foie en cubes de 5 cm de côté. Coupez le pied terreux des champignons, lavez-les, essuyez-les et coupez-les en fines lamelles. Lavez le riz à l'eau froide et égouttez-le. Coupez les tomates en quartiers et éliminez les graines.

2. Faites fondre le beurre dans une sauteuse. Faites-y revenir le foie 5 mn, puis réservez-le. Dans la même sauteuse faites revenir les oignons et les lardons pendant 5 mn. Jetez-y le riz et laissez cuire quelques minutes encore. Ajoutez-y ensuite les champignons, les tomates, la marjolaine et le bouillon. Salez, poivrez et portez à ébullition. Mélangez bien. Couvrez et laissez mijoter 25 mn environ sans couvrir jusqu'à ce que le liquide soit complètement absorbé.

3. Rectifiez l'assaisonnement, ajoutez les petits pois et le foie et laissez cuire 5 mn en mélangeant bien. Versez le tout dans un plat de service. Servez chaud et saupoudrez le tout de parmesan râpé.

Foie aux oignons

⭐

Pour 4 personnes. Préparation : 10 mn. Cuisson : 30 mn

- *8 tranches de foie d'agneau*
- *6 brins de persil*
- *2 citrons*
- *50 g de beurre*
- *3 cuil. à soupe de farine*

Pour le glaçage :
- *2 oignons*
- *le zeste de 1/2 citron*
- *3 cuil. à soupe de jus de citron*
- *1 bonne pincée de thym séché*
- *sel, poivre noir fraîchement moulu*

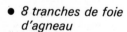

1. Pelez les oignons et émincez-les. Parez les tranches de foie. Passez-les dans la farine des deux côtés. Lavez les citrons et coupez-les en rondelles.

2. Faites fondre la moitié du beurre dans une poêle, et faites-y dorer les tranches de foie 5 mn de chaque côté. Prenez bien soin de ne pas les laisser cuire plus longtemps car elles durciraient. Réservez-les dans un plat au chaud.

3. Mettez le reste du beurre dans la poêle et ajoutez-y les oignons, faites-les dorer 10 mn sans cesser de tourner. Ajoutez le zeste et le jus de citron. Salez et poivrez. Mélangez. Portez à ébullition. Laissez mijoter 5 à 6 mn. Rectifiez l'assaisonnement, saupoudrez de thym. Ajoutez les tranches de foie et laissez chauffer quelques minutes.

4. Dressez les tranches de foie dans un plat de service et nappez-les de cette sauce. Garnissez de rondelles de citron et de brins de persil.

★ Foie aux pommes

Pour 4 personnes. Préparation : 10 mn. Cuisson : 25 mn

- *8 tranches de foie d'agneau*
- *2 pommes golden*
- *50 g de beurre*
- *3 cuil. à soupe de farine*
- *2 cuil. à café de fenouil frais ciselé*
- *1 cuil. à café de thym*
- *1 cuil. à soupe de persil ciselé*
- *sel, poivre noir*

1. Pelez les pommes, coupez-les en quartiers, ôtez-en le cœur et les pépins et coupez-les en lamelles. Passez les tranches de foie dans la farine de tous côtés.

2. Faites fondre le beurre dans une poêle et faites-y revenir les tranches de foie 5 mn sur chaque face, juste le temps de les faire saisir. Réservez-les dans un plat. Dans la même poêle, mettez les pommes et faites-les revenir avec précaution pour ne pas les casser. Ajoutez-y le persil, le fenouil et le thym. Salez, poivrez, mélangez.

3. Remettez les tranches de foie dans la poêle. Laissez chauffer quelques minutes. Dressez les tranches dans un plat de service et nappez de sauce. Servez très chaud.

★ Mousse de foie à la crème

Pour 2 personnes. Préparation : 15 mn. Cuisson : 20 mn. Réfrigération : 2 h

- *450 g de foie de porc*
- *1 concombre*
- *1 petit oignon*
- *75 g de beurre*
- *2 gousses d'ail*
- *2 cuil. à soupe de crème fraîche*
- *4 cuil. à soupe de vin blanc*
- *2 cuil. à soupe de cognac*
- *sel, poivre noir fraîchement moulu*

1. Coupez le foie en petits cubes. Pelez l'oignon et émincez-le. Pelez les gousses d'ail et hachez-les menu.

2. Faites fondre 50 g de beurre dans une casserole et faites-y dorer l'oignon et l'ail. Ajoutez-y le foie et faites revenir 10 mn en remuant fréquemment. Ajoutez-y ensuite le vin. Salez, poivrez et mélangez. Laissez le vin s'évaporer et retirez du feu. Passez le tout au moulin à légumes, grille fine. Versez-y ensuite la crème fraîche et le cognac. Rectifiez l'assaisonnement.

3. Versez le mélange de foie dans des bols individuels et mettez-les au réfrigérateur 1 h 30 environ.

4. Au bout de ce temps, faites fondre le beurre restant et recouvrez-en les pâtés. Remettez au réfrigérateur 30 mn environ.

5. Avant de servir, lavez le concombre et coupez-le en fines rondelles, disposez-les sur le dessus des pâtés.

Accompagnez ce plat de tranches de pain grillées toutes chaudes.

★★ Pâté de foie et de porc

Pour 6 personnes. Préparation : 20 mn. Cuisson : 1 h 30. Réfrigération : 2 h

- *500 g de foie de porc*
- *250 g de lard de poitrine fumé coupé en fines tranches*
- *1 oignon*
- *2 gousses d'ail*
- *1 œuf*
- *2 cuil. à soupe de vin rouge*
- *1 douzaine d'olives farcies*
- *10 g de beurre*
- *sel, poivre noir fraîchement moulu*

1. Coupez le foie en cubes de 0,5 cm de côté. Otez la couenne du lard et coupez-en la moitié en fins bâtonnets. Pelez l'oignon et émincez-le. Pelez les gousses d'ail et hachez-les finement.

2. Allumez le four, thermostat 4 (140°). Mélangez dans une terrine le foie, les lardons, l'oignon et l'ail. Salez, poivrez largement. Ajoutez-y l'œuf et le vin. Mélangez. Beurrez un moule à cake d'une contenance de 1/2 litre environ. Tapissez le fond et les bords avec le reste des tranches de lard. Remplissez le moule du mélange préparé en le tassant bien et repliez les extrémités des tranches de lard pour recouvrir le tout.

3. Placez le moule dans un plat à gratin de plus grande dimension, rempli aux deux tiers d'eau, et laissez cuire au four au bain-marie 1 h 30 environ.

4. La cuisson terminée, laissez refroidir un moment, puis placez une planche de bois, aux dimensions du moule, surmontée d'un poids lourd au-dessus du pâté et mettez au réfrigérateur pendant 2 h.

5. Au moment de servir, démoulez le pâté et coupez-le en tranches. Garnissez le plat d'olives et accompagnez-le de tranches de pain grillées chaudes et de beurre.

Foie à la crème aigre

Pour 4 personnes. Préparation : 10 mn. Cuisson : 25 mn

- 8 fines tranches de foie de veau
- 1 gros oignon
- 6 tomates mûres
- 25 g de beurre
- 4 cuil. à soupe de farine
- 2 cuil. à soupe de câpres
- 1,5 dl de crème fraîche
- sel, poivre noir fraîchement moulu

1. Pelez l'oignon et émincez-le. Plongez les tomates 10 secondes dans l'eau bouillante, rafraîchissez-les, pelez-les et coupez-les en rondelles. Passez les tranches de foie dans la farine de tous côtés.

2. Faites fondre le beurre dans une poêle et faites-y cuire les tranches de foie 5 mn de chaque côté, puis retirez-les de la poêle et réservez-les dans un plat de service chaud.

3. Mettez l'oignon dans la même poêle et faites-le revenir à feu doux pendant 5 mn en mélangeant avec une spatule, puis ajoutez-y les tomates, la crème et les câpres et laissez mijoter pendant 10 mn. Salez, poivrez.

4. Nappez les tranches de foie de sauce et servez.

Langues d'agneau braisées ★★

Pour 4 personnes. Préparation et cuisson : 2 h

- 4 langues d'agneau
- 4 petites tranches de lard de poitrine fumé
- 2 oignons
- 2 carottes
- 2 dl de vin blanc sec
- 250 g de tomates pelées en conserve
- 4,5 dl de bouillon
- 6 cornichons
- 1 cuil. à soupe de câpres
- 2 cuil. à soupe d'huile
- sel, poivre noir fraîchement moulu

1. Allumez le four, thermostat 4 (140°). Parez les langues, lavez-les et égouttez-les. Pelez les oignons et émincez-les. Grattez les carottes, lavez-les et coupez-les en rondelles. Coupez les tomates en rondelles et épépinez-les. Roulez les tranches de lard et maintenez-les avec des bâtonnets.

2. Faites chauffer l'huile dans une cocotte et faites-y dorer les oignons. Placez les langues sur les oignons, entourez-les de rondelles de carottes et de tomates. Salez, poivrez largement. Ajoutez le vin et juste la quantité de bouillon nécessaire pour recouvrir le tout, puis les câpres et les cornichons coupés en rondelles. Couvrez. Laissez cuire au four 1 h 30 environ.

3. Lorsque les langues sont cuites, égouttez-les, retirez-en la peau et coupez-les en deux. Remettez-les dans la cocotte, mélangez et faites bouillir 5 mn.

4. Pendant ce temps, faites revenir les rouleaux de poitrine fumée dans une poêle. Lorsqu'ils sont bien dorés, ajoutez-les dans la cocotte et servez aussitôt.

Langue de bœuf en gelée

Pour 6 personnes. Préparation : 15 mn. Cuisson : 4 h 30. Réfrigération : 2 h

- 1 langue de bœuf de 2 kg parée
- 1 bouquet garni : laurier, thym et persil
- 1 oignon
- 2 carottes
- 1,5 dl de gelée
- quelques grains de poivre
- sel

1. Pelez l'oignon et émincez-le. Grattez les carottes, lavez-les et coupez-les en fines rondelles. Mettez la langue dans une marmite avec le bouquet garni, l'oignon, les carottes et les grains de poivre. Recouvrez le tout d'eau froide et placez la marmite sur feu vif. Salez. Portez à ébullition. Retirez au fur et à mesure l'écume qui se forme à la surface. Couvrez et laissez mijoter 4 h 30.

2. Au bout de ce temps, plongez la langue dans l'eau froide, égouttez-la. Retirez-en la peau. Placez-la dans un moule à gâteau rond. Ajoutez-y la gelée. Posez une plaque sur le dessus de la langue et un objet lourd sur la plaque. Faites refroidir au réfrigérateur 2 h minimum. Démoulez-la.

Coupez la langue en fines tranches et accompagnez-la de diverses salades à votre goût.

Foie au marsala

Pour 4 personnes. Préparation : 10 mn. Cuisson : 20 mn

- 8 tranches fines de foie de veau
- 8 fines tranches de lard de poitrine fumé
- 40 g de beurre
- 1 cuil. à soupe de persil plat ciselé
- 3 cuil. à soupe de farine
- 4 cuil. à soupe de marsala
- 2 cuil. à soupe de jus de citron
- sel, poivre noir

1. Otez la couenne du lard et coupez-le en fins bâtonnets. Passez les tranches de foie dans la farine de tous côtés.

2. Faites fondre le beurre dans une poêle et faites-y dorer les lardons en les remuant. Retirez-les de la poêle et réservez-les dans un plat de service au chaud. Dans la même poêle, faites revenir les tranches de foie 4 à 5 mn de chaque côté et réservez-les avec les lardons. Ajoutez le marsala et le jus de citron au jus de cuisson. Salez, poivrez largement. Faites réduire la sauce de moitié sur feu vif en grattant le fond de la poêle avec une spatule pour détacher tous les sucs de cuisson.

3. Nappez le foie et les lardons de sauce, poudrez de persil et servez.

Cœurs d'agneau farcis

Pour 4 personnes. Trempage : 3 h. Préparation et cuisson : 2 h 30

- 4 cœurs d'agneau
- 2 petites tranches de lard de poitrine fumé
- 1 petit oignon
- 2 côtes de céleri
- 700 g de petites carottes
- 500 g de petits pois
- 65 g de beurre
- 75 g de riz cuit à l'eau
- 40 g de raisins secs
- 3 dl de bouillon
- 1 bonne pincée de noix muscade râpée
- 1 cuil. à soupe de vinaigre
- sel, poivre noir fraîchement moulu

1. Fendez légèrement les cœurs et faites-les dégorger 3 h à l'eau froide.

2. Au bout de ce temps, lavez les cœurs très soigneusement et essuyez-les. Pelez l'oignon et émincez-le. Retirez la couenne du lard et coupez-le en fins bâtonnets. Lavez les côtes de céleri et coupez-les en rondelles.

3. Allumez le four, thermostat 3 (110°). Préparez la farce : faites fondre 45 g de beurre dans une casserole et faites-y dorer l'oignon, les lardons et le céleri en les remuant. Ajoutez-y le riz cuit, la noix muscade et les raisins secs. Salez, poivrez et mélangez le tout. Garnissez les cœurs de farce et refermez-les avec des bâtonnets. Disposez-les dans une cocotte allant au four.

4. Versez le bouillon dans une casserole, portez à ébullition, ajoutez-y le vinaigre. Salez, poivrez largement. Mélangez et versez ce liquide dans la cocotte. Couvrez et laissez cuire au four 2 h.

5. 30 mn avant la fin de la cuisson, épluchez les carottes et écossez les petits pois. Faites-les cuire 15 à 20 mn dans de l'eau bouillante légèrement salée. Egouttez-les et tenez-les au chaud dans une casserole avec 20 g de beurre.

6. Une fois la cuisson des cœurs terminée, dressez-les dans un plat de service, faites réduire de moitié le jus de cuisson de la cocotte et rectifiez l'assaisonnement.

7. Nappez les cœurs de sauce et disposez les carottes et les petits pois autour des cœurs farcis. Servez aussitôt.

Cœurs de bœuf à l'espagnole

Pour 6 personnes. Préparation et cuisson : 4 h

- 1,250 kg de cœurs de bœuf
- 2 gros oignons
- 3 cuil. à soupe d'huile
- 3 cuil. à soupe de farine
- 4,5 dl de bouillon
- 1 orange
- le zeste râpé d'une grosse orange
- le jus d'une grosse orange
- sel, poivre noir

Facultatif :
- 2 cuil. à soupe de porto

Pour la purée :
- 700 g de pommes de terre
- 15 g de beurre
- 2 dl de lait

1. Coupez les cœurs en fines lamelles, lavez-les soigneusement. Essuyez-les. Pelez les oignons et émincez-les.

2. Allumez le four, thermostat 3 (110°). Faites chauffer l'huile dans une poêle et faites-y revenir les lamelles de cœurs. Réservez-les dans un plat à four.

3. Préparez la sauce : faites dorer les oignons dans le gras de cuisson des cœurs. Jetez-y la farine et laissez cuire 1 mn en tournant. Ajoutez-y ensuite progressivement le bouillon et portez à ébullition. Laissez cuire 2 mn. Mettez-y ensuite le zeste râpé et le jus d'orange, ainsi que le porto. Salez, poivrez et mélangez. Versez la sauce dans ce plat, couvrez d'une feuille d'aluminium et laissez cuire au four 3 h environ.

4. Au bout de 2 h 30 de cuisson, préparez la purée : épluchez les pommes de terre, lavez-les, coupez-les en morceaux et faites-les cuire 20 mn dans de l'eau bouillante salée ; puis égouttez-les et passez-les au moulin à légumes, grille fine ; ajoutez le lait et le beurre, mélangez bien. Lavez et essuyez l'orange ; pelez-en le zeste et coupez-le en très fines lanières ; retirez toutes les peaux blanches et détachez les quartiers.

5. Au bout de 3 h de cuisson, augmentez la chaleur du four, thermostat 7 (230°), ôtez la feuille d'aluminium. Rectifiez l'assaisonnement et ajoutez les quartiers d'orange dans la sauce. Versez la purée de pommes de terre dans une poche à douille et formez deux larges festons en bordure du plat. Remettez au four 30 mn environ. La purée doit être bien dorée.

6. 10 mn avant la fin de la cuisson, faites blanchir le zeste d'orange dans de l'eau bouillante. Egouttez-le, décorez-en le plat et servez aussitôt.

★

Cœurs de veau à l'anglaise

Pour 2 personnes. Préparation : 10 mn. Cuisson : 2 h

- 1 cœur de veau
- 1 pomme golden
- 2 oignons
- 50 g de raisins secs
- 25 g de beurre
- 2 cuil. à soupe de farine
- 2 cuil. à café de basilic ciselé
- 5 dl de bouillon
- sel, poivre noir fraîchement moulu

1. Allumez le four, thermostat 3 (110°). Lavez le cœur et coupez-le en tranches de 1 cm d'épaisseur. Essuyez-les bien. Pelez les oignons et émincez-les.

2. Faites fondre le beurre dans une cocotte allant au four et faites-y dorer les tranches de cœur en les remuant. Réservez-les dans une assiette.

3. Faites revenir les oignons dans le même gras de cuisson, puis jetez-y la farine en tournant et laissez cuire 1 mn à feu doux. Ajoutez-y progressivement le bouillon et portez à ébullition. Ajoutez-y ensuite le basilic et les raisins secs. Salez, poivrez. Mélangez et ajoutez les tranches de cœur. Couvrez et laissez cuire au four 1 h 15.

4. Au bout de ce temps, pelez la pomme, ôtez-en le cœur et les pépins et coupez-la en fines lamelles. Retirez la cocotte du four, ôtez tout excès de gras et rectifiez l'assaisonnement. Jetez-y les lamelles de pomme et laissez cuire au four 30 mn encore.

Vous pouvez garnir ce plat, si vous le désirez, de rondelles de pomme préalablement trempées dans du jus de citron.

Mixed grill

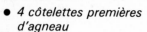 ★

Pour 4 personnes. Préparation : 10 mn. Cuisson : 15 mn

- 4 côtelettes premières d'agneau
- 4 morceaux de haut de côtes d'agneau
- 4 rognons d'agneau
- 4 chipolatas
- 100 g de steak haché
- 4 tomates
- 3 cuil. à soupe d'huile
- sel, poivre

1. Préparez un barbecue. Lavez les tomates, essuyez-les et coupez-les en deux. Divisez la viande hachée en 4 parties égales, faites-en des boulettes et aplatissez-les légèrement entre vos mains. Ouvrez les rognons en deux, enlevez les parties blanches, lavez-les et essuyez-les. Enfilez-les sur des broches. Posez toutes les viandes dans un plat, arrosez-les d'huile et retournez-les.

2. Posez sur la grille du barbecue les chipolatas et, 2 mn après, les côtes et hauts de côtes d'agneau, puis, 5 mn après, les rognons. Faites cuire toutes les viandes encore 5 mn en les retournant souvent. Ajoutez ensuite les tomates et faites-les griller 1 mn.

3. Dressez les viandes sur un plat de service, entourez-les de demi-tomates, salez, poivrez et servez aussitôt.

Servez cette grillade avec des petits oignons nouveaux et une salade verte de saison accompagnée de croûtons frottés d'ail.

Vous pouvez varier viandes et légumes : ajoutez des tranches de lard fumé ou de bacon, du filet de bœuf et de porc, ou encore du foie de veau, des épis de maïs préalablement cuits 15 mn dans du lait avant d'être grillés, des champignons, des rondelles de poivrons et même d'aubergines.

Marinade pour viandes

★

Pour 4 personnes. Préparation : 5 mn. Repos : 24 h

- 4 tranches d'orange
- 2 dl de vinaigre de cidre
- 1 cuil. à café de brindilles de romarin
- 1 cuil. à café de fleurs de thym
- sel, poivre noir fraîchement moulu

1. Mettez tous les ingrédients ci-contre dans une terrine et mélangez-ies bien.

2. Mettez la viande dans la terrine et ajoutez de l'eau froide afin qu'elle soit entièrement recouverte de liquide. Mélangez en retournant la viande. Couvrez la terrine et mettez-la dans un endroit frais pendant 24 h. Retournez la viande de temps en temps.

Cette marinade convient particulièrement au porc et au veau.

Sauce au citron

 ★

Pour 6 personnes. Préparation : 10 mn. Cuisson : 10 mn

- 3 citrons
- le zeste de 1 citron
- 40 g de beurre
- 1 petit oignon
- 2 cuil. à café de farine
- 2 dl de vin blanc sec
- sauce tabasco
- 1 pincée de poudre de piment « Chili powder »
- 1 cuil. à café de sucre cristallisé
- sel, poivre noir

Facultatif :
- 4 brins de persil haché

1. Pelez l'oignon et émincez-le. Pressez 2 citrons, recueillez-en le jus, puis coupez en rondelles le dernier citron.

2. Faites fondre le beurre dans une poêle et faites-y revenir l'oignon. Jetez-y la farine en tournant et faites cuire 1 mn, puis versez le vin, le zeste et le jus de citron et portez à ébullition. Ajoutez-y les rondelles de citron, quelques gouttes de sauce tabasco, la poudre de piment et le sucre. Salez, poivrez à volonté. Mélangez. Faites cuire 5 mn.

3. Servez chaud en saupoudrant de persil haché.

Cette sauce peut accompagner n'importe quelle grillade.

Côte marinée aux oignons dorés ★

Pour 4 personnes. Marinade : 6 h. Préparation et cuisson : 50 mn environ

- *1 côte de bœuf de 1 kg*
- *4 cuil. à soupe d'huile d'olive*
- *2 feuilles de laurier émiettées*
- *1 cuil. à café de fleurs de thym*
- *1 cuil. à café de poivre mignonnette*
- *6 gros oignons*
- *100 g de crème fraîche*
- *1/2 cuil. à café de curry*
- *50 g de beurre*
- *sel*

1. 4 à 6 h à l'avance, préparez la marinade : mettez l'huile, le thym, le laurier et le poivre mignonnette dans un bol. Battez à la fourchette jusqu'à ce que vous obteniez une émulsion.

2. Posez la côte sur un plat creux, versez par-dessus la moitié de la marinade, puis retournez la viande et nappez-la du reste de marinade. Laissez reposer 4 à 6 h en retournant la côte une ou deux fois, si possible.

3. 45 mn avant de servir le plat, épluchez les oignons et émincez-les. Mettez-les dans une poêle et faites-les suer en ne cessant de les tourner pendant 5 mn, puis ajoutez le beurre et faites-les revenir pendant 15 mn à feu doux. Puis ajoutez la crème fraîche et le curry. Salez et laissez mijoter 5 mn.

4. Pendant ce temps, préparez les braises d'un barbecue ou faites chauffer le gril du four ; épongez la côte de bœuf puis faites-la griller 12 à 15 mn de chaque côté, selon que vous aimez la viande saignante ou à point, en la retournant à mi-cuisson et en ne la plaçant pas trop près de la source de chaleur.

5. Lorsque la viande est cuite, salez-la, dressez-la sur un plat de service, versez le contenu de la poêle dans une saucière et portez à table sans attendre.

Accompagnez de salades ou de légumes de saison : haricots verts au beurre, tomates au four, champignons grillés.

★ Jambon frais aux choux de Bruxelles

Pour 12-15 personnes. Préparation et cuisson : 2 h 40 environ

- 1 jambon de porc frais raccourci de 4 kg
- 3 kg de choux de Bruxelles
- sel, poivre

1. Poudrez abondamment le jambon de sel et de poivre grossièrement moulu. Enfilez-le dans une broche, maintenez-le solidement et faites-le cuire au gril du four ou au barbecue, en commençant la cuisson très près de la source de chaleur pour bien saisir la viande. Au bout de 30 mn, éloignez le jambon de la flamme et continuez la cuisson qui sera longue : 40 mn par kilo. Pour plus de sécurité, piquez la viande en fin de cuisson : si le jus qui s'en échappe est incolore, le jambon est cuit ; s'il est rouge ou rosé, prolongez la cuisson. Au début, beaucoup de gras s'écoule du jambon. Recueillez-le dans la lèchefrite et éliminez-le. Ne conservez que le jus qui s'écoulera pendant la dernière heure de cuisson.

2. Pendant que la viande cuit, nettoyez les choux de Bruxelles, lavez-les, égouttez-les et faites-les blanchir 15 mn dans de l'eau bouillante salée, puis égouttez-les, mettez-les dans un plat supportant la chaleur et approchez le plat du foyer. Arrosez les choux avec le jus de la viande en fin de cuisson.

3. Lorsque le jambon est cuit, posez-le sur une planche et découpez-le à table. Servez les choux à part.

Vous pouvez remplacer les choux par des pommes de terre au gratin, légèrement aillées et parfumées au thym.

Brochettes d'agneau marinées

Pour 4 personnes. Marinade : 2 h. Préparation : 15 mn. Cuisson : 20 mn environ

- 1,250 kg d'épaule d'agneau
- 1 gousse d'ail
- 4 oignons
- 8 feuilles de laurier
- 6 brins de persil
- 2 citrons
- 4 cuil. à soupe d'huile
- 2 cuil. à soupe de vinaigre de vin
- 2 cuil. à soupe de jus de citron
- sel, poivre noir fraîchement moulu

1. Parez la viande et coupez-la en cubes de 2,5 cm de côté. Pelez l'ail et hachez-le menu. Pelez un petit oignon et émincez-le. Mettez dans une terrine l'huile, le vinaigre, le jus de citron, l'ail et l'oignon émincé. Salez et poivrez. Mélangez et mettez la viande dans la terrine, laissez-la mariner pendant 2 h. Retournez-la plusieurs fois.

2. 30 mn avant la fin de la marinade, préparez un barbecue. Pelez les 3 autres oignons et coupez-les en rondelles épaisses. Faites-les blanchir 3 mn dans l'eau bouillante. Egouttez les morceaux de viande.

3. Enfilez alternativement sur 4 brochettes les morceaux de viande, les feuilles de laurier et les rondelles d'oignon. Laissez griller 10 mn de chaque côté. La viande doit être bien dorée. Vous pouvez bien entendu faire griller les brochettes au four si vous le préférez.

4. Dressez les brochettes sur un plat de service, garnissez de quartiers de citron et de brins de persil.

Vous pouvez accompagner ce plat de riz cuit à l'eau ou de riz au safran.

Brochettes salées-sucrées

Pour 4 personnes. Préparation : 15 mn. Cuisson : 15 mn environ

- 1 tranche de lard maigre de poitrine fumé de 350 g
- 4 demi-pêches en conserve
- 4 saucisses chipolatas
- 8 feuilles de laurier
- 8 oignons nouveaux

1. Préparez un barbecue. Otez la couenne du lard et coupez-le en cubes de 2 cm de côté. Egouttez les pêches, réservez-en le sirop et coupez chaque pêche en deux. Pelez les oignons. Coupez les chipolatas en quatre.

2. Enfilez alternativement sur 4 brochettes les morceaux de lard, les pêches, les chipolatas, les feuilles de laurier et les oignons. Laissez griller 15 mn environ en tournant les brochettes plusieurs fois et en les badigeonnant régulièrement avec le sirop des pêches. Assurez-vous que les chipolatas et les lardons soient bien tendres avant de retirer les brochettes. Servez chaud.

Accompagnez ces brochettes d'une salade de chou blanc et carottes, assaisonnée de mayonnaise, de persil ciselé et de noix râpées.

★ Sauce tomate piquante au poivron

Pour 4 personnes. Préparation : 15 mn. Cuisson : 30 mn

- *1 kg de tomates mûres*
- *2 poivrons verts*
- *2 oignons*
- *3 cuil. à soupe d'huile d'olive*
- *2 bonnes pincées de poivre de Cayenne*
- *1/4 de cuil. à café de noix muscade râpée*
- *1/4 de cuil. à café de poivre noir*
- *sel*

1. Pelez les oignons et émincez-les. Lavez les poivrons, essuyez-les, éliminez le pédoncule ; coupez-les en deux, ôtez les graines et les filaments blancs, puis coupez-les en carrés de 2 cm de côté. Lavez les tomates, coupez-les en morceaux et passez-les au moulin à légumes, grille fine.

2. Faites chauffer l'huile dans une grande poêle à bords hauts et faites-y dorer oignons et poivrons puis versez la purée de tomate. Mélangez. Ajoutez le sel, le poivre, la noix muscade et le piment. Faites cuire 25 mn à feu vif en mélangeant de temps en temps avec une spatule.

3. Versez la sauce dans un poêlon et servez chaud.

Brochettes de bœuf mariné

Pour 4 personnes. Marinade : 5 h. Préparation : 20 mn. Cuisson : 10 à 15 mn

- 450 g de rumsteck
- 6 petits champignons de Paris
- 4 tomates
- 1 poivron

Pour la marinade :
- 1,5 dl de yaourt
- 1,5 dl de jus de tomate
- 2 cuil. à café de sauce Worcestershire
- 1 cuil. à café de thym
- 2 cuil. à café de romarin
- 1 oignon émincé
- poivre de Cayenne
- sel, poivre noir

1. Préparez la marinade : mélangez dans une terrine le yaourt, le jus de tomate, la sauce Worcestershire, 1 pincée de poivre de Cayenne, le thym, le romarin et l'oignon émincé. Salez et poivrez à volonté.

2. Parez et coupez la viande en cubes de 2,5 cm de côté. Mettez-les à mariner 5 h dans la marinade. Retournez-les de temps en temps.

3. 30 mn avant la fin de la marinade, préparez un barbecue. Coupez chaque tomate en deux. Coupez la partie supérieure du poivron, ôtez-en les graines et partagez-le en quatre parties égales. Coupez le pied terreux des champignons, lavez-les abondamment, essuyez-les.

4. Egouttez la viande. Enfilez alternativement sur 4 brochettes les cubes de viande, les tomates, les morceaux de poivron et les champignons. Placez les brochettes sur la grille du barbecue. Badigeonnez souvent la viande de marinade durant la cuisson et retournez les brochettes une ou deux fois. Retirez-les quand la viande sera dorée.

Servez les brochettes sur un lit de riz cuit à l'eau.

Brochettes de porc au citron ★

Pour 4 personnes. Préparation et cuisson : 40 mn environ

- 700 g de filet de porc
- 2 oignons
- le jus de 1 citron
- 3 cuil. à soupe d'huile
- quelques feuilles de laurier

Pour la sauce :
- 500 g de tomates mûres
- 2 cuil. à soupe de basilic ciselé
- 2 cuil. à soupe de jus de citron
- 1 gousse d'ail
- 1 dl d'huile d'olive
- sel, poivre noir

1. Préparez un barbecue. Pelez les oignons et coupez-les en rondelles épaisses. Faites-les blanchir 3 mn dans de l'eau bouillante et égouttez-les. Parez la viande et coupez-la en morceaux de 4 cm × 1,5 cm.

2. Enfilez les morceaux de porc sur 4 brochettes en intercalant entre chacun d'eux 1 rondelle d'oignon, 1 feuille de laurier. Badigeonnez la viande de jus de citron, puis d'huile. Placez les brochettes sur le barbecue et laissez cuire 10 mn de chaque côté. Badigeonnez-les souvent d'huile pendant la cuisson.

3. Pendant ce temps, préparez la sauce : lavez les tomates et passez-les au moulin à légumes, grille fine. Mettez le jus obtenu dans une terrine. Pelez la gousse d'ail et passez-la au presse-ail au-dessus de la terrine. Salez. Poivrez. Versez le jus de citron et l'huile goutte à goutte en battant avec un petit fouet, puis incorporez le basilic ciselé.

4. Dressez les brochettes dans un plat de service et présentez la sauce à part, dans une saucière.

Servez ces brochettes avec des quartiers de citron et du cresson.

 ★

Brochettes de foie d'agneau

Pour 4 personnes. Marinade : 2 h. Préparation : 15 mn. Cuisson : 15 mn

- *450 g de foie d'agneau*
- *8 tranches fines de lard de poitrine fumé*
- *12 gros champignons de Paris*
- *4 grosses tomates*
- *8 feuilles de laurier*
- *4 cuil. à soupe d'huile*
- *2 cuil. à soupe de jus de citron*
- *sel, poivre noir*

1. Coupez le foie en cubes de 3 cm de côté. Mettez dans une terrine le jus de citron et l'huile. Salez, poivrez. Faites-y mariner les cubes de foie 2 h.

2. 30 mn avant la fin de la marinade, préparez un barbecue. Coupez le pied terreux des champignons, lavez-les, essuyez-les. Otez la couenne du lard et enroulez les tranches sur elles-mêmes pour former des rouleaux bien serrés.

3. Lorsque la marinade est terminée, égouttez le foie. Enfilez alternativement sur 4 brochettes : les morceaux de foie, les rouleaux de lard de poitrine, les champignons et les feuilles de laurier. Placez les brochettes sur la grille du barbecue et laissez cuire 5 mn de chaque côté. Pendant la cuisson, badigeonnez une ou deux fois les morceaux de foie avec la marinade. Coupez chaque tomate en deux et faites-les griller en même temps que le foie.

Servez ces brochettes de foie avec du riz au safran.

Table des recettes

Les recettes présentées dans cet ouvrage sont d'une réalisation facile. Un symbole indique pour chacune d'elles son degré de facilité :

★ très facile - ★★ facile - ★★★ difficile
Dans la table des recettes, les temps de préparation et de cuisson sont additionnés afin de vous donner une idée du temps nécessaire à la confection de chaque recette. Ce temps est donné à l'exclusion des temps de marinade, de réfrigération, de trempage et de repos. Les indications de thermostat sont données sur la base d'une graduation de 1 à 10.

...éalisée sous la direction de Monique Gélard, assistée de S. Soldevila et E. Scotto pour les recettes et la rédaction. Traduction : M. ...Lee ; R. Bamber ; p. 7, 22, 26, 27, 29, 75 : C. Délu ; p. 16 : M. Broquet-LDP ; p. 74 : O. Botkine-LDP ; photo de couverture : P. Kemp. ...rture de l'édition française. S. Kleinberg. 1re édition dépôt légal : février 1980. Edition 1983 dépôt légal : mars 1983. N° d'éditeur : ...-0014-3. Photocomposition : S.C.P., Bordeaux. Imprimé à Hong-Kong.